AF238483

Am Ziel (kk)

Vorstieg in der Mehrseillängenroute. (s)

Band 319

OutdoorHandbuch

Kristof Kontermann

Sportklettern I

Ausrüstung · Sicherungstechnik · Klettertechnik

Mit uns nach draußen

Die schriftliche und zeichnerische Beschreibung aller Techniken und Methoden in diesem Buch erfolgte nach bestem Wissen und Gewissen. Der Stand der Technik und die Lehrmeinung können sich jedoch jederzeit ändern. Der Autor, der Verlag und sonstige am Buch beteiligte Personen übernehmen deshalb - auch im Sinne der Produkthaftung - keine Gewähr für die Richtigkeit der Informationen. Die Benutzung des vorliegenden Buches geschieht auf eigene Gefahr. Stand: Mai 2013

Der Autor und der Verlag sind für Lesertipps und Verbesserungen (besonders per E-Mail) unter Angabe der Auflagen- und Seitennummer dankbar.

Dieses OutdoorHandbuch hat 208 Seiten mit 76 farbigen Abbildungen sowie 115 farbigen Illustrationen. Es wurde auf chlorfrei gebleichtem Papier gedruckt, in Deutschland klimaneutral hergestellt und transportiert (die Zertifikatnummer finden Sie auf unserer Internetseite) und wegen der größeren Strapazierfähigkeit mit PUR-Kleber gebunden.

OutdoorHandbuch aus der Reihe „Basiswissen für draußen", Band 319

ISBN 978-3-86686-385-9   1. Auflage 2013

© BASISWISSEN FÜR DRAUSSEN, DER WEG IST DAS ZIEL und FERNWEHSCHMÖKER sind
urheberrechtlich geschützte Reihennamen für Bücher des Conrad Stein Verlags

Dieses OutdoorHandbuch wurde konzipiert und redaktionell erstellt vom
Conrad Stein Verlag GmbH, Kiefernstraße 6, 59514 Welver,
☏ 023 84/96 39 12, FAX 96 39 13,
✆ info@conrad-stein-verlag.de, 🖥 www.conrad-stein-verlag.de

 Werden Sie unser Fan: 🖥 www.facebook.com/outdoorverlage

Unsere Bücher sind überall im wohl sortierten Buchhandel und in cleveren Outdoorshops in Deutschland, Österreich und der Schweiz erhältlich.
Auslieferung für den Buchhandel:

D	Prolit, Fernwald und alle Barsortimente
A	freytag & berndt, Wolkersdorf
CH	AVA-buch 2000, Affoltern und Schweizer Buchzentrum
I	Leimgruber A & Co. OHG/snc, Kaltern
BENELUX	Willems Adventure, LT Maasdijk
E	mapiberia f&b, Ávila

Text: Kristof Kontermann
Fotos: Kristof Kontermann (kk), Salewa (s)
Lektorat: Amrei Risse
Illustrationen & Layout: Annalena Hunke
Gesamtherstellung: AZ Druck und Datentechnik GmbH, Kempten

Titelfoto: Kristof Kontermann in Sostre den Burot (7a) in Valdemossa,
Mallorca (kk)

Inhalt

Outdoorliteratur und Umweltschutz
- was könnte besser zusammenpassen? Wir vom Conrad Stein Verlag produzieren unsere Bücher so umweltschonend wie möglich.

Wir drucken klimaneutral!
Wir verwenden nicht nur umweltfreundliche Materialien, sondern arbeiten auch mit einer Druckerei zusammen, die sich für Klimaschutz engagiert. Dass beim Druck klimaschädliches CO_2 entsteht, lässt sich leider nicht vermeiden. Dies versuchen wir aber auszugleichen, indem wir Klimaschutzprojekte unterstützen - z.B. den Bau von Wasserkraftwerken, die besonders wenig CO_2 produzieren. So werden die Treibhausgase, die beim Druck unserer Bücher entstehen, an anderer Stelle eingespart.

Auf unserer Homepage finden Sie für jedes Buch eine Climate-Partner-Zertifikatsnummer und einen Link zu der Seite 🖳 www.climatepartner.com. Hier finden Sie weitere Informationen und können sehen, welche Umweltprojekte mit unseren Abgaben gefördert wurden.

Übrigens ...
... war der Conrad Stein Verlag der erste Buchverlag in Deutschland, der konsequent klimaneutral produzieren und transportieren ließ. Wir hoffen, dass uns viele andere Verlage auf diesem Weg folgen!

Sport und Natur
bewusster draußen unterwegs

Conrad Stein Verlag
OutdoorHandbuch Band 239
Basiswissen für draußen

ISBN 978-3-86686-275-3

Erleben & Lernen: „Es liegt ein kleines, kompaktes Buch vor, klimaneutral gedruckt - alle Achtung! -, voller Informationen, Verweise und anregender Fotos."

OUTDOOR
BASISWISSEN FÜR DRAUSSEN · BASIXX
Alexandra Albert
Sport und Natur -
bewusster draußen unterwegs

Über den Autor

Kristof Kontermann, geboren 1981 in Stuttgart, klettert seit mehr als 20 Jahren. Neben dem Sportklettern und Bouldern ist er auf der Suche nach Abenteuern und spektakulären Naturerlebnissen am liebsten in klassischen alpinen Routen unterwegs. Sowohl extreme Nordwände in den Alpen als auch hohe Berge auf allen Kontinenten gehören zu seinem Repertoire. Diese Erfahrungen versucht er als Kletterlehrer weiterzugeben.

Auf Reisen und Expeditionen hat er inzwischen in über 30 Ländern international Erfahrung gesammelt und seine Leidenschaft fürs Fotografieren entdeckt. Als Geowissenschaftler versucht er die Natur zu verstehen und spannende Momente zu dokumentieren. Gletscher, Vulkane und Gesteinsformationen sind hier seine Lieblingsthemen. Neben seiner eigentlichen Arbeit als Umweltingenieur ist er nun seit einigen Jahren als Fotojournalist im Bereich Klettern für renommierte Zeitschriften und Verlage tätig. Außerdem ist er Inhaber eines Versandhandels für Outdoor-Ausrüstung.

www.summit-climber.de, www.rocky-sports.de

Für Marion

Vorwort

Klettern, insbesondere das Sportklettern, ist die Trendsportart, welche in den letzten Jahren den größten Zulauf erfahren hat. Ein regelrechter Kletterboom führte zum Bau immer größerer Kletterhallen und einem verstärkten Andrang an den Felsen. Kein Wunder, denn kaum ein Sport ist so facettenreich und faszinierend zugleich wie das Klettern in der großartigen Natur unserer Erde, welche zur Freude der Kletterer ein Steinplanet ist!

Das Spektrum der Herausforderungen im Klettersport reicht inzwischen vom Sportklettern und Bouldern über das Alpin- und Bigwallklettern bis hin zum extremen Eis- und Mixedklettern. Auch Buildering oder Urban Climbing, das Klettern an Gebäuden, ist in Mode. Beim Canyoning, bei Höhlenbegehungen, bei wissenschaftlichen Untersuchungen, z.B. im Bereich der Geowissenschaften, sowie beim Industrieklettern kommen ebenfalls die Grundtechniken des Kletterns zum Einsatz. Auch das klassische alpine Bergsteigen, aus welchem sich das heutige Klettern entwickelt hat, erfreut sich zunehmender Popularität.

Dies macht deutlich, dass die heutige Vielfalt in einem handlichen Lehrbüchlein niemals vollständig behandelt werden kann. Daher richtet sich das OutdoorHandbuch „Sportklettern I" an den typischen Klettereinsteiger, welcher das Klettern in der Halle erlernt hat und sich dann an die Felsen wagt, einmal Mehrseillängenrouten klettern oder sein Können durch Optimierung der Klettertechnik verbessern möchte. Der Folgeband „Sportklettern II" richtet sich an Kletterer, welche ihr Können durch Taktik, Bouldern und gezieltes Training verbessern möchten.

Ziel beider Bände ist es, dem Einsteiger ein möglichst breites Wissen, angereichert mit Expertentipps, zu vermitteln. Wettkampf- und Eisklettern oder klassisches Bergsteigen sollen kein Thema sein. Ebenso kann auch kein Wissen über zweckmäßige Bekleidung, alpine Gefahren, Wetterkunde und Sport- oder Höhenmedizin vermittelt werden. Der Leser wird daher bei diesen Themen auf die DAV-Alpinlehrpläne und weiterführende Literatur verwiesen.

Die Kenntnis der sicherungstechnischen Grundlagen ist für die sichere Durchführung von Klettertouren absolut notwendig. Keine Theorie kann jedoch eine fundierte praktische Ausbildung unter fachmännischer Leitung und die tägliche Praxis ersetzen. Daher muss das durch diese Handbücher erworbene Wissen ständig geübt und dem aktuellen Stand von Wissenschaft und Technik, der „Lehrmeinung", angepasst werden.

Heutzutage wird „vernünftig" ausgeübtes seilgesichertes Felsklettern nicht als Risikosportart angesehen. Unfälle beim Sportklettern sind relativ selten. Sie ereignen sich meist aufgrund mangelnder Vorbereitung, Unwissenheit oder schlicht aus Leichtsinn. Daher ist es umso wichtiger, stets wachsam zu sein, Selbstkontrolle und Partnercheck gewissenhaft durchzuführen, so oft wie möglich mit redundanten Sicherungssystemen zu arbeiten und ausreichend Ausgleichstraining zu betreiben, um Fehlhaltungen und Verletzungen zu vermeiden.

Diese Bücher sollen dazu beitragen, durch solide Technik eigene Fehler zu vermeiden und aus den Fehlern anderer zu lernen. Ein Risiko richtig einzuschätzen erfordert sehr viel Erfahrung, die nur über viele Jahre hinweg erworben werden kann. Rolf Ott sagte dazu: „Abenteuer findet dann statt, wenn man gerade noch mal davonkommt. Kommt man nicht davon, dann war es ein Unfall."

Nun wünsche ich dem Leser viel Spaß mit den Handbüchern „Sportklettern I" und „Sportklettern II" aus der Reihe „Basiswissen für draußen", um für das Klettern draußen an den Felsen und das Training in der Halle gut gewappnet zu sein. Wenn sich Fragen oder Kommentare ergeben, freue ich mich auf jede E-Mail an ✍ kristof.kontermann@googlemail.com!

Außerdem möchte ich mich bei allen Personen bedanken, die mich beim Schreiben dieses Kletterhandbuchs unterstützt haben. Insbesondere gilt mein Dank Marion Müller, Dr. Klaus Kontermann, Mélanie Thalmann und Annalena Hunke.

Viel Erfolg in den Wänden dieser Welt und, das Wichtigste: **Take care!**

Kristof Kontermann   Ostfildern, im April 2013

Umwelt- und Naturschutz

Der Naturschutz spielt besonders beim Klettern im Mittelgebirge eine wichtige Rolle, da hier die Anforderungen der Kletterer und Naturschützer besonders stark aufeinanderprallen. Umweltverträglich zu klettern bedeutet, nachhaltig mit unseren Felsen umzugehen. Im Wesentlichen sollten folgende Regeln beachtet werden:

▷ **Kletterregelung:** Felssperrzeiten und Zonenregelungen schützen Flora und Fauna (z.B. während der Brutzeit des Wanderfalken). Über aktuelle Regelungen können Sie sich vorab im Internet und in Kletterführern informieren (🖳 www.dav-felsinfo.de). Auf Infotafeln vor Ort bedeutet das X-Zeichen absolutes Kletterverbot. Pfeile zeigen in die Richtung, welche beklettert werden darf.

▷ **Umweltverträgliche Anreise:** Es sollten Fahrgemeinschaften gebildet, öffentliche Verkehrsmittel und ausgewiesene Parkplätze benutzt werden.

▷ **Benutzung der Zustiegspfade:** Um Trittschäden zu vermeiden, sind die offiziellen Wege und die Umlenkhaken zu benutzen. Die Felsköpfe sind nicht zu betreten. An den Einstiegen sollte ein Rucksackdepot eingerichtet werden.

▷ **Erhaltung ökologischer Nischen:** In Spalten, Löchern oder auf kleinen Terrassen gebildetes Erdreich wird von Relikt- und Felspflanzen (z.B. Mauerpfeffer) bewachsen und von Insekten genutzt. Diese Kleinbiotope sind vor Schäden ebenso zu schützen wie z.B. sandige Bereiche unter Überhängen (Lebensraum des Ameisenlöwen) oder Geröllhalden (Lebensraum von Reptilien). Säugetiere wie Fledermäuse und Siebenschläfer nutzen Felsspalten und sollten nicht gestört werden.

▷ **Keinen Müll hinterlassen:** Abfälle (auch Zigarettenstummel) sind mitzunehmen, Fäkalien zu vergraben und Lagerfeuer nur an offiziellen Feuerstellen anzuzünden.

▷ **Erstbegehungen:** Das Einbohren von Neutouren und Hakensanierungen sind mit dem lokalen Felsbetreuer des Arbeitskreises für Klettern und Naturschutz (AKN) abzustimmen.

▷ **Gegenseitiger Nutzen:** Nutzen Sie lokale Geschäfte, Gasthöfe, Alpenvereinshütten und Zeltplätze. Zur Ausräumung von Vorurteilen ist der persönliche Kontakt zu den Anwohnern besonders wichtig.

Material und Ausrüstung

Camalots warten auf ihren Einsatz (kk)

Materialversagen kommt beim Sportklettern zum Glück nur selten vor. Die Sicherheit liegt eher in der korrekten Anwendung der Ausrüstung. Alle Gegenstände aus Metall werden als Hardware bezeichnet. Alles am Gurt Hängende wird Rack genannt.

Normen für Kletterausrüstung

Normen geben Auskunft über Verwendungszweck und Nutzdauer. Durch genormte Prüfungen mit hoher Sicherheitsreserve wird die Qualität sichergestellt. Die meisten Ausrüstungsgegenstände sind daher überdimensioniert und der Anwender wird durch Werte wie den Mindestfestigkeitswert z.B. vor mangelhaften Karabinern geschützt.

Dieser Verbraucherschutz wird durch das CE-Zeichen ("Conformité Européennes") nachgewiesen. Das CE-Zeichen ist das Zertifizierungszeichen der EN (European Normative). Ist es in Kombination mit einer vierstelligen Kennnummer auf einem Produkt aufgebracht (z.B. CE 0530), bedeutet dies, dass eine behördlich anerkannte Stelle die Produktionsphase überwacht, ohne aber dem Hersteller die Verantwortung für das Produkt abzunehmen. Bei Ausrüstung mit CE-Zeichen ohne Kennnummer führt der Hersteller die Fertigungskontrolle selbst durch.

Kletterausrüstung gehört zur PSA (Persönliche Schutzausrüstung). In der Industrie wird PSA je nach Verletzungsrisiko in drei Kategorien eingestuft (Mehlem, 2008). Kategorie 1 betrifft geringfügige Risiken (z.B. Handschuhe), Kategorie 2 mittlere Risiken, die auch ernste Verletzungen zur Folge haben können (z.B. Kletterhelm), Kategorie 3 beinhaltet PSA gegen tödliche oder dauerhafte Schäden (z.B. Absturzsicherung). Kletterausrüstung gehört meist in Kategorie 3. PSA ohne CE-Zeichen darf nicht verkauft werden. Da Bohrhaken nicht als PSA eingestuft sind, tragen sie auch kein CE-Zeichen.

Die UIAA-Norm (Norm der Bergsportfachverbände, Union Internationale des Associations d'Alpinisme) ist zwar weltweit gültig, in Europa für die Produktzulassung jedoch nicht verpflichtend (Schubert, 2003). Daher kann die UIAA schnell auf notwendige Neuerungen bei den Standards reagieren, ohne dass dies im EU-Recht verankert wird. Die UIAA-Norm hat daher eine Vorreiterrolle und ist oft etwas strenger als die CE-Norm.

Grundsätzlich sollte nur Ausrüstung verwendet werden, welche das CE-Zeichen trägt. Nicht zwingend ist das UIAA-Zeichen.

Abb. 1: UIAA- und CE-Zeichen
mit Kenn-Nummer auf einem Safe-Lock-Karabiner von Salewa (kk)

Tipp: Sind beide Zeichen auf der Ausrüstung, so handelt es sich, Produktfälschungen ausgenommen, um das Beste, was nach heutigem Stand der Technik möglich ist.

Klettergurt

Hüftgurte mit Sicherungsring und selbst blockierender Verschlussschnalle (Schnellverschluss) sind Standard. Gurte, deren Verschluss rückgefädelt werden muss, sollten ausgesondert werden. Bei Klickverschlüssen ist die kleinere Schnalle nicht auf der größeren festgenäht und kann ausgeklinkt werden. Daher muss mit den Füßen nicht durch die Beinschlaufen gestiegen werden. Dies ist sehr praktisch, wenn der Gurt mit Steigeisen angezogen werden soll.

Spezialgurte für Disziplinen wie z.B. Canyoning gibt es ebenso wie Gurte für Kinder oder Frauen. Komplett- und Brustgurte sind aus Beweglichkeitsgründen nicht zu empfehlen. Der umständliche Brustgurt ist nur zum Anseilen von Kindern, deren Hüfte noch nicht so ausgeprägt ist, und bei Übergewicht zusätzlich zum Hüftgurt wichtig. Bei erhöhtem KSP (Körperschwerpunkt) durch schweren Rucksack in alpinem Gelände oder dem Risiko von sehr weiten harten Stürzen ist ein Brustgurt ebenfalls sinnvoll.

Wird nur ein Hüftgurt benutzt, kann der Oberkörper nach hinten umkippen, wenn beim Sturz die Rumpfmuskulatur, z.B. wegen Bewusstlosigkeit, nicht angespannt wird. Bereits das Hängen in dieser Haltung ist sehr unangenehm. Ein Umklappen des Oberkörpers ist ebenfalls möglich, wenn der Stürzende mit einem Fuß in das Seil einfädelt. Daher sollte eine gute Sturztechnik beherrscht werden (☞ Sturztechnik,

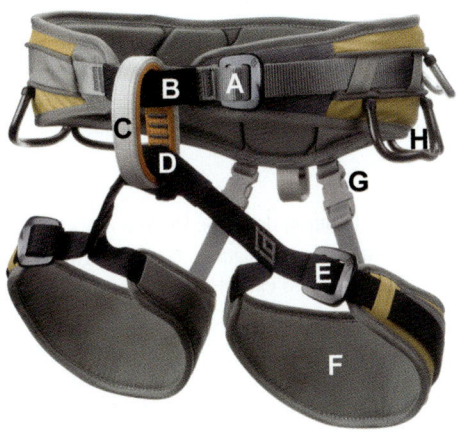

Abb. 2: Klettergurt mit Schnellverschluss (A), Bauchgurtöse (B), Anseilschlaufe (C), Beinschlaufensteg (D), verstellbare Beinschlaufe (E), Polsterung (F), Drop-Seat-Schnalle (G) und Materialschlaufe (H)

S. 92). Trotzdem hat sich der angenehm zu tragende Hüftgurt durchgesetzt, da das Verletzungsrisiko nicht signifikant höher ist. Wirbelsäulenverletzungen kommen bei ungünstigen Stürzen unabhängig von der getragenen Gurtart vor (Schubert, 2002).

Der weitverbreitete Gurt mit drei Schnallen hat verstellbare Beinschlaufen und eine Schnalle an der Hüfte. Die meisten Gurte haben eine Drop-Seat-Schnalle zum Einstellen der elastischen Haltebänder der Beinschlaufen. Die Beinschlaufen sollten so eng anliegen, dass gerade noch eine Hand zwischen Oberschenkel und Schlaufe passt. Der Gurt muss auf Bauchnabelhöhe und über den Hüftknochen sitzen.

Reine Sportklettergurte mit teilelastischen, nicht verstellbaren Beinschlaufen besitzen minimales Gewicht und maximale Bewegungsfreiheit. Ist dickere Kleidung bei schönem Wetter nicht nötig, können diese Gurte auch in Mehrseillängenrouten und in alpinem Gelände ihre Vorteile ausspielen.

Inzwischen gibt es auch Gurte ganz ohne Schnallen und Kletterhosen, in die ein Klettergurt integriert ist. Linke und rechte Anseilschlaufe werden dann direkt durch den Einbindeknoten (☞ Anseilen und Knotentechnik, S. 58) verbunden. Diese Systeme sind besonders für das Hallenklettern an der Leistungsgrenze geeignet.

Wer nicht nur in der Halle klettern möchte, benötigt einen Gurt mit mindestens vier Materialschlaufen. Für das Bigwallklettern gibt es auch Gurte mit mehr Schlaufen und einer Haulloop für das Hochziehen schwerer Lasten.

Empfehlenswert sind Gurte mit UIAA-Norm, nach der die Nähte an den Kraft aufnehmenden Teilen zur leichteren Funktionskontrolle farblich abgehoben sein müssen. Die Mindestbruchkraft beträgt für Klettergurte in alle Sturzzugrichtungen 15 kN (Kilonewton). Dies ist völlig ausreichend, da die maximale Belastung beim größtmöglichen Sturz ca. 7 kN beträgt (Schubert, 2006). Sofern am Beinschlaufensteg, an den Nähten und am Anseilring kein Verschleiß zu erkennen ist, kann der Gurt ohne Bedenken bis zu 10 Jahre eingesetzt werden.

Tipp: Da der Hängekomfort das wichtigste Qualitätskriterium ist, sucht man sich am besten einen gut gepolsterten Klettergurt, besonders wenn der Hüftspeck nicht ausgeprägt ist. Nutzen Sie in Geschäften die Möglichkeit für einen Hängetest!

Kletterschuhe

Die Wahl des optimalen Kletterschuhs, Kletterpatschen (österr.) oder Kletterfinken (schweiz.), kann für ein bestimmtes Boulderproblem oder eine spezielle Kletterroute entscheidend sein. Art und Hochwertigkeit des Kletterschuhs sind nach einer guten Klettertechnik und -taktik der drittwichtigste Faktor.

Kletterschuhe setzen sich aus einer profillosen Gummisohle, einem seitlichen Gummirand und dem eigentlichen Schuh zusammen. Letzterer besteht aus komfortablem und atmungsaktivem Echtleder oder aus dem formstabilen Kunstleder Cowdura. Moderne Kletterschuhe müssen nicht eingeklettert werden, bis sie ihre optimale Leistung bringen. Die wichtigsten Eigenschaften, welche die Performance eines Schuhs beeinflussen, sind:

▷ Passgenauigkeit: Verhindert Schmerzen und erhöht die Präzision.

▷ Hoher Reibungswert: Verbessert das Antreten auf kleinsten Tritten und auf Platten.

▷ Sensibilität: Erhöht das Sicherheitsgefühl beim Formschluss auf Tritten.

▷ Gesamtvorspannung: Erleichtert die Fußarbeit beim Druckaufbau.

▷ Unterstützungsfeatures: Entlasten die Zehen- und Fußmuskulatur.

▷ Außengummierung: Ermöglicht komplexere Bewegungsabläufe durch Hooken.

Meist entscheidet die Form der Zehenbox, ob ein Kletterschuh passt. Für Frauen sind meist schmale Passformen zu empfehlen. Die richtige Größe zu finden kann schwierig sein, denn die Größen entsprechen fast nie der Straßenschuhgröße und variieren zwischen den Herstellern sehr stark.

Für Anfänger ist eine härtere und dickere Sohle zwischen 4 und 5 mm günstiger, da weniger Kraft zum Treten benötigt wird und in der Halle der Gummiabrieb relativ hoch ist. Ab 5,5 mm leidet das Trittgefühl.

Um ohne große Belastung der Zehengrundgelenke Druck auf die kleinen Tritte in der Halle bringen zu können, sollten Einsteigerschuhe leicht vorgespannt und etwas asymmetrisch sein. Die Asymmetrie verhindert Fußdeformationen, da der dicke Onkel nicht zu stark in Richtung der anderen Zehen gedrückt wird. Der Schuh sollte angenehm zu tragen und die Zehen nicht aufgestellt sein. Die Vorspannung bewirkt, dass die Fußsohle leicht gekrümmt wird, man vermehrt auf den Zehenspitzen steht und mehr Druck auf die Tritte bringt. Dieser Effekt wird durch sehr enge Kletterschuhe noch etwas verstärkt. Mit der Zeit kommt das Gefühl für den richtig eng sitzenden Kletterschuh mit perfekter Passform von selbst. Zu empfehlen ist außerdem ein Schuh mit Klettverschluss, den man schnell an- und ausziehen kann. Angenehm ist auch ein Innenfutter, welches zur Formstabilisierung beiträgt, den Fuß polstert und Schweiß aufsaugt.

Für Fortgeschrittene gilt: Nur mit enger Passform ohne extreme Schmerzen ist gute Fußtechnik und Klettern an der Leistungsgrenze möglich. Die Schmerzgrenze ist individuell verschieden, es ist jedoch normal, wenn man schon nach einer Route den Schuh ausziehen muss.

Die Kantenstabilität ist beim Eindrehen in Überhängen (☞ Seitlich Klettern und Eindrehen, S. 145) wichtig. Dies wird aber nicht durch eine harte Sohle erreicht, sondern durch bananenförmige Vorspannung und asymmetrische Form. Die Außenkante bietet unter optimalen Bedingungen (Temperatur!) aufgrund der physikalischen Zusammenwirkung von Anatomie und Kraftübertragung die größte Stabilität auf kleinen Tritten.

Bei unförmigen Tritten ist eine hohe Kantenstabilität von Nachteil, da dann die bestmögliche Anpassung der Sohle an die Trittform nicht gegeben ist. Auf schlechten Tritten entscheidet diese formschlüssige Verbindung neben dem Anpressdruck über erfolgreiches Antreten oder Abrutschen. Je nach Charakter einer Kletterroute wird man daher eher einen Schuh mit hoher Kantenstabilität oder hoher Sensibilität wählen. Die optimale Sohlendicke für Sportkletterschuhe liegt zwischen 3,0 und 4,0 mm.

Durch die Zehenbox und das im Zehenbereich nach oben gewölbte Leder stellen sich die Zehen sehr gut auf. Dieser Downturn verkürzt physikalisch den Hebel, maximiert den Druck auf den Tritt und ermöglicht ideales Aufrollen auf sehr kleine Tritte (☞ Beine scheren, S. 186).

Abb. 3a: Boulderschuh mit Downturn

Für das Bouldern werden Kletterschuhe mit extrem hoher Performance benötigt, da mehr gehookt und kräftigere Kletterzüge gemacht werden. Ein Boulderschuh muss zugleich präzise, weich und sensibel sein. Die Präzision wird durch noch größere Vorspannung und möglichst große Außengummierung an der Ferse und auf der Oberseite der Schuhspitze zum Hooken erreicht.

Besonders weich und feinfühlig sind Schuhe mit einer etwas dünneren, extrem klebrigen Sohle. Die ideale Sohlendicke liegt bei Boulderschuhen zwischen 2 und 3,5 mm, allerdings sind Sohlen unter 3 mm auf Dauer eher zu weich und beanspruchen die Zehen stark.

Abb. 3b: Aufgestellte Zehen mit Zehenunterstützung

Ein spezielles Zehenunterstützungsfeature ist der sehr wirkungsvolle Hügel der Sohle in der Zehenbox. Diese auch als Love Bump bezeichnete Wölbung unterstützt die aufgestellten Zehen bei Krafterzeugung, -aufrechterhaltung und -übertragung und trägt zum besseren Halt auf schlechten Tritten und zur Entlastung der Finger bei.

Boulderschuhe sind vorzugsweise asymmetrische Schnürschuhe, da sie so in der Breite optimal dem naturgemäß ungleichförmigen menschlichen Fuß angepasst werden können. Enge Schuhe mit Klettverschluss oder sensible und bequeme Slipper zum Reinschlüpfen mit Gummizug (Ballerina) sind zwar schnell wieder ausgezogen, dafür aber nicht so passgenau.

Für Mehrseillängenrouten empfehlen sich gemütliche, gut eingekletterte Sportkletterschuhe. Die weiche Sohle ist besonders für Reibungsplatten wichtig, denn nur eine der Felsform angepasste Sohle sorgt für hohe Haftreibung. Ein Nachteil ist der höhere Abrieb.

Die Tritte sind in gemäßigten alpinen Touren nicht so klein wie in harten Bouldern. Vorherrschend sind je nach Gesteinsart, Erosionstätigkeit und Verwitterungsform eher Verschneidungen, Risse und Platten (Gneis und Granit der Zentralalpen) oder Kamine, Löcher, Platten und Wasserrillen (z.B. Nördliche Kalkalpen). Ein Kletterschuh für das Alpinklettern muss daher nicht vorgespannt sein. Eine Vorspannung wäre für flache Reibungstritte ungünstig, da dort die Ferse hängen sollte, um maximale Reibung zu erzeugen (☞ Reibungstechnik, S. 152).

Beim extremen alpinen Sportklettern gelten jedoch die gleichen Anforderungen an die Kletterschuhe wie für das Sportklettern. Allerdings wird man hier gezwungen sein, die engen Schuhe nach jeder Seillänge auszuziehen und zu sichern.

Stinkende Kletterschuhe sind ein allgemeines Problem, denn mit Socken geht leider das Feingefühl verloren. Schuhe aus echtem Leder sind nicht ganz so anfällig für Geruchsentwicklung. Auch Schuh-Deosprays oder Zedernholz sind zu empfehlen. Die beste Methode ist, regelmäßig Chalk oder ein hochwertiges Schuhpuder in die Schuhe zu streuen. So wird Feuchtigkeit absorbiert und Bakterienwachstum gehemmt. Außerdem sollten die Schuhe nach jeder Klettersession gelüftet und getrocknet werden. Achtung: Durch Waschen leidet die Form!

Aus hygienischer Sicht sollte man auf eine Neubesohlung verzichten, weil dies die Tragezeit alter Schuhe verlängert. Außerdem geht bei besohlten Schuhen oft die ursprüngliche Aggressivität verloren, da die Schuhspitze meist etwas zu rund gefertigt und kein Originalgummi verwendet wird.

Zu enge Kletterschuhe können Überlastungsschäden oder Fehlstellungen hervorrufen. Extreme Vorspannung beansprucht die Ferse sehr stark. Dies kann zu chronischen Schmerzen in der Achillessehne führen. Wenn der Schuh zu eng ist, kann dies Hammerzehen fördern - eine durch verkürzte Sehnen verursachte Deformation der kleinen Zehen, die an einer dauerhaft gebeugten Haltung durch ständig aufgestellte Zehen erkennbar ist.

Der oft sehr schmerzhafte Hallux Valgus ist ein Schiefstand der großen Zehe in Richtung der kleinen Zehe. Manche Schuhmodelle begünstigen dies durch ihre ungünstige Form.

Hotspots sind Stellen am Fuß, welche durch einen schlecht passenden Kletterschuh punktuell zu stark beansprucht werden. Degenerative Veränderungen wie z.B. Hühneraugen bilden sich durch den übermäßigen Druck auf die Zehengelenke. Der Körper kompensiert dies durch weitere Hornhautschichten. Solche Stellen können schmerzen, sich entzünden und das Tragen von engen Kletterschuhen zur Qual machen. Blutergüsse unter den Zehennägeln können im Extremfall zum Ablösen des Nagels führen.

Verschlissene Kletterschuhe gehören entsorgt. Durch Ausweitung, sich anbahnende Löcher an der Spitze und eine bis zur Zwischensohle abgenutzte, weich gewordene Sohle kann nicht mehr ideal angetreten werden. Ein

Schuhe schnüren vor dem Start (s)

Nachlassen der Gesamtspannung (Quer- und Längsspannung) bewirkt den Verlust an Performance auf kleinen Tritten, da der Fuß dann nicht mehr genug Unterstützung erhält.

Tipp: Wichtig ist die Unterscheidung in enge „Projektschuhe" und normale Kletterschuhe. Im Training greift man auf die bequemeren Schuhe zurück. Die engen werden nur dann angezogen, wenn ein schweres Projekt oder eine Erstbegehung geklettert werden soll. Das hat den wichtigen Effekt, dass man plötzlich sehr gut stehen kann.

Karabiner

Karabiner werden zum Sichern, zum Anbringen von Zwischensicherungen (Expressen), beim Abseilen, zur Befestigung von Fixseilen und in der Bergrettung benötigt. Soll in Mehrseillängen-Routen ein Standplatz eingerichtet werden, braucht man manchmal bis zu fünf Stück.

Das Heißschmieden heutiger Karabiner aus Aluminiumlegierungen erlaubt leichte und stabile Formen. Die Festigkeit wird in Kilonewton (kN) angegeben.

Ein kN entspricht ungefähr der Gewichtskraft von 100 kg. Die Festigkeit muss auf allen Karabinern für die zwei Hauptbelastungsrichtungen Längs- und Querrichtung angegeben werden. Die Normbruchkraft für geschlossene Karabiner in Längsrichtung beträgt 20 kN. Des Weiteren muss die Festigkeit in Längsrichtung bei offenem Schnapper (Karabinerschenkel, welcher sich durch ein Scharnier öffnen lässt) angegeben werden. Dies sollte nicht darüber hinwegtäuschen, dass ein Karabiner-offen-Bruch möglich ist (Schubert, 2001). Deshalb sollte die Bruchkraft bei offenem Schnapper mindestens 9 kN betragen, besser 10 kN.

Tipp: Karabiner sollten am besten ausschließlich in Längsrichtung belastet werden!

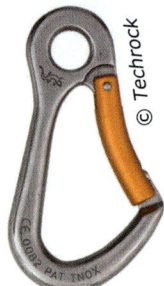

© Techrock

Abb. 4a: Umlenkkara-
biner (o.), Abb. 4b:
Schraubglied (u.)

© Peguet

Grundsätzlich unterscheidet man drei Typen: Schraubkarabiner (Kurzform: Schrauber), Safe-Lock-Kara-biner (Kurzform: Safebiner) und Schnappkarabiner (Kurz-form: Schnapper oder Normalkarabiner, ☞ Express-schlingen, S. 29). Diese gibt es in D-Form, ovaler Form oder Birnenform.

Karabiner in D-Form können gut zum Bau von Standplätzen und beim Abseilen verwendet werden (☞ Sicherungstechnik in Mehrseillängen-Routen, S. 100). Ovale Karabiner werden eher in der Speläologie verwendet.

Spezialausführungen sind Umlenkkarabiner, Schraubglieder (z.B. Maillon Rapide an Umlen-kungen), Frogs (☞ Expressschlingen, S. 29) und Materialkarabiner mit geringer Bruchkraft, welche nicht für die Sicherungskette bestimmt sind.

Schraubkarabiner besitzen eine Gewinde-hülse auf dem Schnapper - wird diese zuge-schraubt, ist der Schnapper blockiert. Die Hülse kann sich jedoch mit der Zeit durch Vibration oder Seilreibung lösen. Deshalb sind

Schraubkarabiner im Einsatz laufend zu kontrollieren. Um dies und eine Querbelastung zu verhindern, ist es zudem ratsam, zwei Schraubkarabiner gegenläufig zu verwenden. Dies wird z.B. gemacht, wenn im Toprope mit Karabiner in das Seil eingeklinkt werden soll (☞ Topropeklettern, S. 76). Am besten verwendet man hierfür einen Safe-Lock-Karabiner!

Abb. 4c: Materialkarabiner (© Kong)

Um ein Verdrehen des Karabiners zu verhindern, empfiehlt sich für das Sichern außerdem ein Karabiner mit zusätzlichem Drahtbügel zur Fixierung an der Einbindeschlaufe des Klettergurtes.

Safe-Lock-Karabiner haben eine zusätzliche Verschlusssicherung, die ein unbeabsichtigtes Öffnen verhindern soll. Generell ist an Standplätzen und Umlenkern sowie zum Sichern die Verwendung von Safe-Lock-Karabinern zu empfehlen. Die wichtigsten Safe-Lock-Karabiner sind Ball-Lock und Belay-Master. Der Push&Twist-Lock gehört nicht mehr zu den Safe-Lock-Karabinern, da ungünstige Seilbewegung zu ungewollter Öffnung führen kann.

Abb. 5a: Push&Twist-Lock mit Drahtbügel (© Climbing Technology)

Push&Twist-Lock-Karabiner (Tri-Lock) haben einen 3-Wege-Verschluss und sind selbstverriegelnd. Zum Öffnen muss die Hülse in drei Schritten gegen eine innen liegende Rückstellfeder hochgeschoben, gedreht und aufgedrückt werden. Lässt man die Hülse los, verriegelt die Rückstellfeder den Schnapper automatisch. Einhändiges Öffnen ist zu üben!

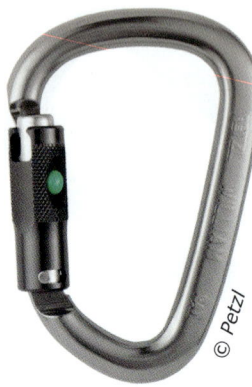

Abb. 5b: Ball-Lock-Karabiner (o.), Abb. 5c: Belay-Master (u.)

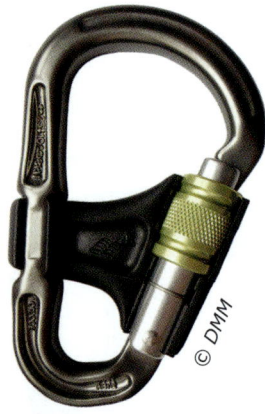

Ball-Lock-Karabiner haben eine grüne Kugel. Der Karabiner kann nur geöffnet werden, wenn auf diese Kugel gedrückt wird. Dieser Verschlusstyp ist zum Einsatz im Gebirge und für das Eisklettern nicht zu empfehlen, da die Kugel bei tiefen Temperaturen einfrieren kann und dann ein Öffnen des Karabiners nicht mehr möglich ist.

Der Belay-Master verriegelt nicht selbst. Es handelt sich um einen normalen HMS-Schraubkarabiner in Birnenform mit speziellem Verschluss-Clip aus Kunststoff, der über den zugeschraubten Karabiner geklappt wird und so den Schnapper und die Gewindehülse blockiert. Der Verschluss-Clip lässt sich nur schließen, wenn der Schraubverschluss zu ist. Selbsttätiges Öffnen oder Querstellen ist so nicht mehr möglich. Auch das Durchstanzen der Gewindehülse durch einen Abseilachter wird verhindert (☞ Abseilgeräte, S. 49). Deshalb ist er derzeit der sicherste Karabiner.

Inzwischen gibt es vier neue Typen von Auto-Lock-Karabinern ohne Verschlusshülse: den Magnetron von Black Diamond, den Strike Slider von Edelrid, den PassO-PL von Skylotec und den Ovalock von Austrialpin. Allein der Ovalock kann für die HMS-Sicherung empfohlen werden. Alle anderen Modelle können sich durch eine Seilschlaufe oder Bandschlinge öffnen und müssen sich in der Praxis erst noch bewähren.

Tipp: Für Standplätze sind kleine Schraubkarabiner sehr praktisch. Kaufen Sie nur Karabiner mit Keylock-System (☞ Expressschlingen, S. 29)!

Sicherungsgeräte

Durch die Partnersicherung werden Stürze im Vor- und Nachstieg abgefangen. In bis zu ca. 35 m langen Routen kann der Kletterer mit dem Sicherungsgerät vom Ende der Route bis zum Boden abgelassen werden. Mit einigen Geräten kann auch abgeseilt werden. Das Sicherungsgerät ist neben Seil und Anseilgurt elementar wichtig, da ein Versagen fatal ist. Im Folgenden werden die einzelnen Systeme charakterisiert (zur korrekten Handhabung ☞ Bedienung der Sicherungsgeräte, S. 68).

Inzwischen gibt es eine Vielzahl zugelassener dynamischer Sicherungsgeräte. Im Anfängerbereich und in Mehrseillängenrouten ist die klassische Halbmastwurf-Sicherung mit HMS-Karabiner nach wie vor die Standardmethode. Auch in der Bergrettung oder bei alpinen Abstiegen (z.B. Ablassen einer Person) ist sie sehr effizient. **Vorteile:** Der HMS-Knoten ist einfach, bremst zuverlässig in jede Sturzzugrichtung und ermöglicht das Sichern sowohl am Körper als auch an einem Fixpunkt am Stand. Er ist für Vor- und Nachstieg geeignet. Am besten verwendet man einen Safelock-Karabiner (☞ Karabiner, S. 23). **Nachteile:** Der Seilverschleiß ist relativ hoch und es bilden sich leicht Seilkrangel. Zum Abseilen ist ein zusätzliches Abseilgerät erforderlich. Werden Halb- oder Zwillingsseiltechnik verwendet, besteht die Gefahr der Schmelzverbrennung im Knoten.

Früher war die Sicherung mittels Abseilachter in Mode (☞ Abseilgeräte, S. 49). Als erste Unfälle durch den im Verschlusskarabiner verrutschten Achter bekannt wurden und gleichzeitig die Tubes (☞ S. 28) auf den Markt kamen, verschwand die Achtersicherung fast völlig. Sie wird nur noch im Klettergarten oder in der Halle zum besonders weichen Sichern verwendet. **Vorteile:** Durch die hohe Dynamik und den geringen Seilverschleiß neigt die Achtersicherung kaum zu Krangelbildung und man hat sofort ein Abseilgerät zur Verfügung. **Nachteile:** Die Bremswerte bei Vorstiegssicherung sind etwas geringer als bei der HMS. Sichern am Fixpunkt eines Standplatzes ist daher nicht möglich und die Verwendung von Doppelseilen ist umständlich. Um ein Durchstanzen des Karabinerverschlusses zu verhindern, muss der Achter mit einem Gummiband fixiert werden (☞ Abseilen, Rückzug und Ablassen, S. 119).

© Black Diamond

Abb. 6a: Tube (o.)
Abb. 6b: Smart (u.)

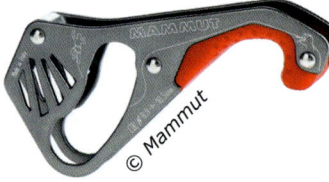

© Mammut

Abb. 6c: Click Up (u.)

© Climbing Technology

Das Tube beruht auf dem Prinzip der „Knick-Brems-Idee". Die Bremskraft entsteht dadurch, dass das Seil in einem sehr kleinen Radius um das Gerät läuft. Eines der besten Tubes am Markt ist derzeit das Smart von Mammut. Es blockiert sehr leicht, bietet dadurch eine Sicherheitsreserve und spielt beim Auschecken von Routen seine Stärke voll aus: Ist das Seil blockiert, muss die Bremshand nicht mehr krampfhaft zumachen. **Vorteile:** Tubes sind seilschonend und haben eine geringe Krangelneigung. Das Handling ist einfach und falsches Seileinlegen beeinträchtigt nicht die prinzipielle Funktionsweise. Die meisten Tubes sind für Einfach-, Halb- und Zwillingsseile geeignet. Zum Abseilen wird kein zusätzliches Gerät benötigt. **Nachteile:** Die Bremskraft ist von der Sturzzugrichtung abhängig. Es kann nur am Körper gesichert werden und das Sichern eines Nachsteigers funktioniert nur bei Tubes mit Plate-Funktion wie z.B. dem „Air Traffic Controller" ATC-Guide von Black Diamond, dem Reverso von Petzl oder dem Smart Alpine.

Moderne Halbautomaten wie Click Up und Alpine Up von Climbing Technology sowie Grigri von

*Abb. 6d: Alpine Up (© Climbing Technology) (links),
Grigri (© Petzl) (rechts)*

Petzl sind statische Sicherungsgeräte. **Vorteile:** Der Blockiermechanismus
sorgt auch im Sturzfall für ein deutliches Plus an Sicherheit. Die halbautoma-
tischen Sicherungsgeräte sind zum Abseilen geeignet. Beim Click Up wird
akustisch signalisiert, dass das Seil korrekt eingelegt ist. **Nachteile:** Das Grigri
ist relativ schwer, nur für Einfachseile geeignet und ein falsch eingelegtes Seil
führt zum Funktionsverlust. Weitere Bedienungsfehler, z.B. beim Seilausgeben
das Bremshandprinzip nicht beizubehalten, sind möglich und führen immer
wieder zu Unfällen.

Tipp: Durch die Reibung von Seil auf Metall entstehen bei allen Sicherungsgeräten auf Dauer Einkerbungen. Bei starkem Verschleiß muss das Gerät aus-
getauscht werden.

Expressschlingen

Expressschlingensets (Kurzform: Expressen, Exen, Runner, Pärchen) werden
für die Zwischensicherung im Vorstieg (☞ Vorstiegsklettern, S. 82) und
beim Legen von Klemmkeilen oder Cams verwendet (☞ Klemmgeräte und
Klemmkeile, S. 42). Die Normbruchkraft von Expressschlingen beträgt 22 kN.

  Ein Set besteht aus einer hochfest vernähten, ca. 10 cm langen Bandschlinge und zwei Schnappkarabinern. Der obere wird in einen Haken eingehängt

und in den unteren das Seil geklippt. Dies dient der Verminderung der Seilreibung in der Sicherungskette und ist sicherer, als das Seil direkt in einen
einzelnen Schnapper zu hängen, da sich dieser durch das Seil verdrehen und
bei einem Sturz aushängen kann. Ebenso ist ein Verkanten und somit Quer-
oder Offenbelastung möglich.

Um ein Ausklinken aus dem Haken zu vermeiden (☞ Abb. 43a, 43b,
S. 89) und um auch Ringhaken korrekt klippen zu können (☞ Abb. 41,
S. 88), gehören die Schnapper in der Exe gleichläufig angeordnet und der
obere Schnapper der Exe darf nicht fixiert sein!

*Abb. 7: Schnappkarabiner ohne Keylocksystem, Draht- sowie Normal-
schnapper mit Keylocksystem (© Black Diamond)*

Moderne Schnapper haben keine Nase mit Kerbe mehr, sondern ein Keylock-System. Dadurch können sich Seil, Bohrhaken, Bandschlingen, Reepschnüre oder auch das Klemmkeilkabel beim Klippen (☞ Klemmgeräte und
Klemmkeile, S. 42) nicht mehr verhaken, wodurch der Schnapper mit hoher
Wahrscheinlichkeit brechen würde!

Express-Sets mit Drahtschnappern (Wire-Gate) sind leichter und daher in
Mehrseillängen-Routen vorzuziehen. Zudem vereisen sie bei widrigen Verhältnissen im Gebirge nicht so leicht. Aber vor allem lässt sich das Risiko des

Karabinerbruchs verringern. Herkömmliche Schnapper können sich aufgrund der Massenträgheit kurz öffnen, wenn der Karabiner bei einem Sturz an die Wand prallt. Wird der Karabiner in diesem Moment belastet, ist die Bruchkraft stark herabgesetzt. Der leichtere Drahtbügel bleibt bei einem Aufprall geschlossen. Sollte der Aufprall besonders stark sein, so vermindert sich zumindest die Zeit, in der eine Schnapper-Offen-Belastung auftreten kann.

Schnapper können auch durch Aufliegen am Fels aufgedrückt werden oder an einer Felskante unter Biegebelastung (Knickbelastung) geraten. Dafür sind Karabiner nicht ausgelegt. Hier hilft eine lange Expressschlinge oder die Verlängerung mit Bandschlinge. Aus dem gleichen Grund gehören Bohrhaken nicht oberhalb einer Kante gesetzt, da sonst der untere Schnapper der eingehängten Expresse im Sturzfall an die Kante schlägt und auf Biegung belastet wird. Solche Haken müssen verlängert werden. Selbst in Kletterhallen gibt es falsch platzierte Exen.

Exen sind auszutauschen, wenn der untere Schnapper scharfkantig eingeschliffen ist, da dies im ungünstigsten Fall schon bei kleinen Stürzen zum Seilriss führen kann. Dies gilt besonders für die erste Sicherung bei fix installierten Exen in steilen (Projekt-)Routen. In diesem Fall ist auch auf durchgescheuerte Bandschlingen zu achten!

Abb. 8: Ausreichend lange Expressschlinge an Normalhaken (Schlaghaken), unterer Schnapper auf Biegebelastung durch Kante, Scharfkantenbelastung des Seils

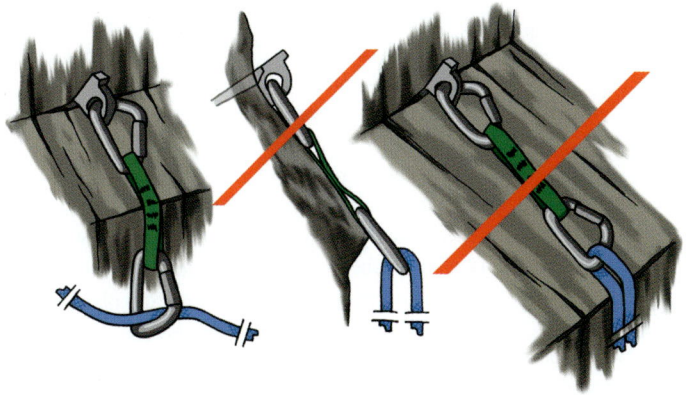

Da der obere Schnapper nach vielen Stürzen an der Innenseite scharfe Riefen aufweisen kann, darf er nie mit dem unteren getauscht werden (Schubert, 2002). Zur Unterscheidung verwendet man am besten normale und gerade Schnapper für den oberen Teil der Exe und gebogene Drahtschnapper für den unteren Teil, wodurch auch das Klippen des Seils einfacher ist.

Alte Schnapper sind manchmal nicht mehr richtig zu schließen oder knarzen unter Belastung. Diese sind zu entsorgen. Wer hingegen selten stürzt, kann seine Expressen jahrelang benutzen.

Befindet sich im Bereich der unteren Krümmung des unteren Schnappkarabiners eine kleine Vertiefung, kommt das Seil im Sturzfall besonders nah am langen Schenkel zu liegen. Dies wirkt sich günstig auf die Haltekraft aus. Durch eine Gummifixierung an der oberen Seite des unteren Schnappers wird zudem der Schnapper in Position gehalten, wodurch es nicht zu einer Querbelastung kommen kann.

Alukarabiner sind nicht für Dauerbelastung ausgelegt. Daher sollten Karabiner, welche zum Spannen von Slacklines verwendet wurden, nicht mehr beim Klettern zum Einsatz kommen. Die Dauerschwellbelastung kann zu Materialermüdung und zum Bruch führen.

Abb. 9: Moderne Expressschlinge mit Drahtschnappern, Keylock und Gummifixierung (© Black Diamond)

Eine Panic-Expresse ist eine 30 cm lange, versteifte Exe, mit welcher als Armverlängerung Haken schon von weiter unten geklippt werden. Durch Zug am eingehängten Karabiner schließt sich der zuvor offen arretierte Schnapper. Ein Frog hat anstelle des oberen Karabiners einen selbstverriegelnden Mechanismus. Sehr dicke Haken können mit dem Frog allerdings nicht geklippt werden und beim technischen Klettern ist darauf zu achten, dass durch Benutzen des Frogs als

Abb. 10a: Frog
(© Kong)

Abb. 10b: Clipstick
(© Beta Climbing
Designs)

Abb. 10c: Panic-
Expresse (© BEAL)

Griff der Öffnungsmechanismus nicht auslöst. Da die Haken meist so platziert sind, dass sie von einem geeigneten Griff aus eingehängt werden können, sind Panic-Expresse und Frog wenig verbreitet, zumal ein teleskopartiger Clipstick zum Vorklippen effizienter ist, weil eine Exe mitsamt Seil in einen mehrere Meter entfernten Haken geklippt werden kann. Den ersten Haken so einzuhängen, ist aus sportlicher Sicht bei Bodensturzgefahr (Batman start) vertretbar. Alternativ kann vor dem Seilabziehen das Seil oberhalb der ersten Exe mit dem Clipstick heruntergeangelt werden. Nach dem Seilabziehen bleibt so die erste Exe eingehängt. (Achtung: Für den Vorstieg muss das Seil durchgezogen werden!) Das gleiche Ergebnis erzielt man, wenn man beim Ablassen das Seil aus der zweiten und dritten Exe aushängt.

Tipp: Zur Begradigung verwickelter Routenverläufe sollte man ein bis zwei längere Exen anschaffen (ca. 20 cm). Geknotete Reepschnüre oder geknotete Bandschlingen sind kein Ersatz, da sich die Bruchlast pro Knoten etwa halbiert.

Kletterseil

Kletterseile sind dynamisch, also dehnbar, und haben eine Kernmantelkonstruktion. Diese Seilkonstruktion besteht wie Bänder, Reepschnüre und Gurte aus thermoplastischen Polykondensations-Kunstfasern, den Polyamiden. Das für die Seilherstellung verwendete Polyamidgarn 6.6 (Nylon) ist sehr reißfest und chemikalienbeständig. Die Bruchdehnung liegt bei ca. 60 bis 80 %.

Der Seilkern besteht aus sehr dünnen Einzelfasern. Aus zwei bis sechs dieser Garne wird ein Zwirnfaden gedreht. Vier bis sechs der Zwirnfäden werden zu Litzen zusammengedreht (Semmel, 2005). Das Verdrehen der Fasern bewirkt, dass das Seil an Elastizität gewinnt. Aus mehreren Litzen wird dann der Seilkern geschlagen, welcher bei Sturzbelastung die auf das Seil wirkenden Kräfte aufnimmt. Durch thermische Schrumpfung wird die Reibung zwischen den Fasern reduziert (Semmel, 2005).

Der um den Kern geflochtene Seilmantel hat die Aufgabe, den Kern vor Beschädigungen und vor UV-Strahlung zu schützen. Für das reine Hallen- oder Topropeklettern ist ein Seil mit hohem Mantelanteil von über 50 % geeignet, da die Belastungen durch das ständige Ablassen am Umlenkpunkt und das Durchziehen im Sicherungsgerät recht hoch sind.

Neben diversen weiteren in der Norm geforderten Eigenschaften von Seilen ist die Anzahl der gehaltenen Normstürze besonders wichtig. Ein Normsturz ist ein mit einem definierten Gewicht aus einer definierten Höhe statisch (!) abgebremster Sturz (Schubert, 2002). Je nach Seiltyp gelten beim Normsturz unterschiedliche Anforderungen. Für Einfachseile wird ein

Gewicht von 80 kg aus 4,70 m Höhe fallen gelassen, das vom Seil mit einem maximalen Fangstoß von 12 kN abgebremst wird. Dabei ist das Seilende fest fixiert (Semmel, 2005).

Die Belastungen bei diesen Normstürzen sind so hoch (etwa Sturzfaktor 1,75, ☞ Theoretische Grundlagen, S. 54), dass sie in der Kletterpraxis quasi nicht auftreten. Hieraus folgt, dass Seile, welche noch mindestens einen Normsturz halten, beim Sportklettern - außer bei einem Scharfkantensturz - nicht reißen können. Je höher die Normsturzzahl eines Seiles ist, desto stabiler ist es insgesamt, und die Wahrscheinlichkeit, dass es beim Sturz über eine scharfe Kante reißt, nimmt ab. Bei Einfachseilen und Halbseilen im Einzelstrang sind mindestens 5 Normstürze gefordert, bei Zwillingsseilen im Doppelstrang mindestens 12 Normstürze (Semmel, 2005). Ein Multisturzseil ist ein besonders stabiles Einfach- oder Halbseil, welches mindestens 10 Normstürze halten muss.

Moderne Kern-Mantel-Seile besitzen eine hohe Seilfestigkeit und halten weit mehr, als man glaubt. So beträgt die Festigkeit von Einfachseilen bis über 20 kN (Schubert, 2002). Im Gegensatz zu Bandschlingen (☞ Bandschlingen und Reepschnüre, S. 46) spielt die Knotenfestigkeit bei Kletterseilen keine große Rolle, da sie überdimensioniert sind.

Seile reißen auch bei harten Stürzen nicht. Dies ist in seltenen Fällen nur möglich, wenn das Seil während des Sturzes über eine scharfe Kante scheuert und zur Zugbelastung noch eine Scherbelastung kommt. Die Fähigkeit des Seils, bei Kantenbelastung Energie aufzunehmen, wird als Kantenarbeitsvermögen bezeichnet. Den größten Schutz gegen Seilriss durch scharfe Kanten bieten Doppelseile. Scharfkantenfeste Kletterseile gibt es jedoch nicht (Schubert, 2002).

Die Informationen auf der Banderole am Seilende sind Seillänge, Herstellername, Chargennummer, erfüllte Normen und ein Symbol für den Seiltyp: Ein Kreis mit der Zahl 1 bedeutet Einfachseil, ein Kreis mit dem Zeichen ½ Halbseil, ∞ Zwillingsseil.

Tipp: Neu gekaufte Seile sind als Ring aufgenommen und müssen daher vor dem Klettern wie eine Kabelrolle komplett abgerollt werden, da sich sonst unzählige Seilkrangel bilden.

Einfachseile sind Sportkletterseile, welche im Einzelstrang verwendet werden. Ihr Durchmesser beträgt normalerweise 9,2 bis 11 mm. Extrem dünne Einfachseile von 8,9 bis 9,2 mm sind nicht für jedes Sicherungsgerät (☞ Bedienung der Sicherungsgeräte, S. 68) geeignet und im Handling unter Umständen suboptimal.

Doppelseile bestehen aus zwei Seilsträngen und werden zur Begehung von Mehrseillängenrouten verwendet. Durch die Redundanzwirkung ist die Verwendung eines Doppelseils sicherer, da bei Steinschlag oder Scharfkantenbelastung die Zerstörung beider Seilstränge relativ unwahrscheinlich ist. Ein weiterer Vorteil ist, dass auch doppelt so weit abgeseilt werden kann. Hierfür werden beide Seile mit einem Knoten verbunden und dann im Doppelstrang verwendet.

Prinzipiell gibt es zwei Arten von Doppelseilen: Halbseile und Zwillingsseile. Halbseile sind dünner, leichter und weniger stabil als Einfachseile. Ihr Durchmesser liegt bei ca. 7,8 bis 9 mm. Zwillingsseile sind mit ca. 7,2 bis 8 mm wiederum dünner als Halbseile.

Ruhepause am Standplatz (s)

Zwillingsseile sind nicht für die Verwendung im Einzelstrang geeignet, somit auch nicht zum Sichern von zwei Nachsteigern. Bei der Zwillingsseiltechnik werden beide Seilstränge stets gemeinsam in die Expressen eingehängt. Hierfür können Zwillingsseile oder aber auch Halbseile benutzt werden. Da bei Halbseilen der Fangstoß (☞ Theoretische Grundlagen, S. 54) höher ist und damit die Belastung der Zwischensicherungen steigt, sind Zwillingsseile für diese Technik aber besser geeignet.

Halbseile können in bestimmten Fällen auch einzeln verwendet werden, z.B. bei Gletschertouren, beim Sichern von zwei Nachsteigern oder bei der in Großbritannien verbreiteten Halbseiltechnik (auch Doppelseiltechnik genannt), bei der die Seile abwechselnd in verschiedene Expressen eingehängt werden. So kann der Seilverlauf optimiert sowie der Seilzug und die Sturzbelastung auf die Zwischensicherungen sowie der Fangstoß verringert werden. Dies macht vor allem Sinn, wenn ganze Seillängen z.B. nur mit Klemmkeilen (☞ Zwischensicherungen, S. 102) abgesichert werden.

Tipp: Bei der Seilwahl ist Folgendes zu beachten: Beim Hallenklettern genügt in der Regel ein 40-m-Einfachseil, beim Outdoorklettern in langen Routen ist ein 70-m-Seil Standard. Für Mehrseillängenrouten ist ein 60-m-Doppelseil zu empfehlen. Meist ist die Seillänge beim Kauf etwas größer als angegeben, da Seile unter Spannung hergestellt werden und sich bei Gebrauch zusammenziehen.

Eine Seilimprägnierung ist immer dann gut, wenn das Seil feucht werden kann. Diese Gefahr besteht auf Hochtouren sowie beim Eis- und Alpinklettern. Hierfür sind voll imprägnierte Seile (Mantel und Kern) zu empfehlen, da ein nasses Seil sehr schwer ist und durch Gefrieren stocksteif wird. Nicht imprägnierte Seile sind jedoch weicher und besser im Handling.

Ein wichtiger Parameter ist der Seildurchmesser. Sicherungsgeräte und Seilklemmen sind nur für bestimmte Seildurchmesser geeignet. Auf Mehrseillängenrouten sind etwas dünnere Seile zwar leichter, in Bezug auf Handling und Sicherheitsreserve jedoch nicht anzuraten.

Der Mantel älterer Seile kann sich beulenartig gegen den Seilkern verschieben. Dies schadet dem Handling ungemein und ist oft der Grund zur Ausmusterung. Die Mantelverschiebung darf derzeit laut Norm höchstens 1 % betragen. Beim Klettern sollte darauf geachtet werden, dass durch günstige Seilführung an Sicherungsgeräten, insbesondere beim Topropeklettern, keine Krangel wegen Verdrillung um die Längsachse entstehen. Am besten vermeidet man Topropeklettern und Sichern mit HMS (☞ Bedienung der Sicherungsgeräte, HMS, S. 69). Soll dennoch die HMS verwendet werden, muss das Seil gegenläufig parallel zum Lastseil in den HMS-Karabiner eingelassen werden, d.h. von oben (☞ Abb. 32b, S. 70).

Beim Seilkauf sollte auf eine Seilmittelmarkierung geachtet werden. Diese ist beim Umlenken oder Abseilen wichtig. Der Sichernde kann so erkennen, ob das übrige Seil zum Ablassen oder Abseilen reicht. Nicht mehr sichtbare Mittelmarkierungen können mit einem speziellen Markierungsstift erneuert werden.

Inzwischen gibt es Bicolorseile (Duodess-Seile), welche durch das unterschiedliche Flechtmuster der Seilhälften dauerhaft markiert sind. Bei Triodess-Seilen sind ca. die letzten 5 m mit einer anderen Farbe bzw. einem anderen Mantelmuster hergestellt. Durch diese Seilendmarkierung kann der Sichernde den Kletternden darauf aufmerksam machen, dass es Zeit wird, einen Standplatz einzurichten, oder sie dient beim Abseilen als Warnung, dass das Seil fast aufgebraucht ist.

Muss ein Seil wegen der typischerweise starken Abnutzung auf den ersten Metern oder nach einem Steinschlag gekürzt werden, so ist darauf zu achten, dass beide Seilenden gekürzt werden, da eine nicht in der Mitte liegende Seilmarkierung gefährlich ist.

Zur Seilpflege gehören ordnungsgemäße Aufbewahrung und Transport. Beim Aufnehmen (Aufschießen) wird das Seil von der Mitte her in Schlaufen um den Hals aufgenommen, die abwechselnd links und rechts von der haltenden Hand oder dem Hals herunterhängen. Sind noch ca. 1,5 m Seil übrig, legt man das Seil in den Ellbogen, umwickelt mit dem Restseil die entstehende Seilpuppe und fädelt das letzte Stück durch die Öffnung.

Abb. 11: Krangelfreies Aufnehmen des Seils zu einer Seilpuppe

Auf ähnliche Weise kann man aus dem Seil auch einen Seilrucksack herstellen. Hierzu muss das doppelte Restseil entsprechend länger sein, da die Seilenden vor dem Körper, z.B. mit einem gesteckten Sackstich in Ringform, verknotet werden.

Möchte man sich das Aufnehmen sparen, verwendet man einen Seilsack. Seilsäcke enthalten eine Plane, auf welche man das Seil beim Sichern auslegt. Zum Transport wird es einfach im Sack eingerollt. Auf der Plane können auch die Kletterschuhe bequem angezogen

Abb. 12: Herstellung eines Seilrucksacks

oder geputzt werden. Damit die Seilenden leichter gefunden werden, knotet man sie am besten an eine der Schlaufen an der Plane fest.

Verschmutzte Seile werden von Hand, z.B. in der Badewanne, oder auch in der Waschmaschine - ohne zu schleudern - mit einem Seilwaschmittel und ggf. in einem Wäschesack lauwarm gewaschen und zum Trocknen an einem kühlen und dunklen Platz ausgelegt. Die Imprägnierung kann durch das Waschen etwas leiden.

Die Lebensdauer von Kletterseilen ist direkt von Gebrauchsdauer und Seilbehandlung abhängig. Um die Seilalterung gering zu halten, sollten Seile an einem trockenen, nicht zu heißen Ort aufbewahrt

Abb. 13:
Seil im Seilsack
(© Black Diamond)

werden. Häufiges Klettern im Toprope macht ein Seil in kürzester Zeit kaputt (☞ Topropeklettern, S. 76). Wenn ein Seil stark verkrangelt ist, hilft es, das doppelt genommene Seil frei aushängen zu lassen oder es nach dem Durchstieg einer Route einmal komplett durchzuziehen.

Ausgesondert werden sollte ein Seil nach besonders harten Stürzen mit hohem Sturzfaktor (☞ Theoretische Grundlagen, S. 54), wenn das Seil mit Säure, besonders Schwefelsäure (z.B. Autobatterie), in Kontakt gekommen ist (Schubert, 2001) oder wenn starke Mantelbeschädigungen erkennbar sind.

Tipp: Statikseile sind nicht zum Klettern geeignet! Sie werden als Fixseile auf Expeditionen, beim Industrieklettern, als Speläoseile oder beim Canyoning eingesetzt. Statikseile sind an der Banderole mit der Aufschrift STATIK versehen. Seiltyp B ist für kleinere Belastungen ausgelegt als Seiltyp A.

Kletterhelm

Kletterhelme schützen den Kopf bei Steinschlag oder Sturz, indem sie Energie absorbieren. In der Halle muss kein Helm getragen werden, denn Unfälle, z.B. durch ausgebrochene Griffe oder Aufprall eines Stürzenden auf eine andere Person, sind selten (Schubert, 2001).

Im Zulassungstest der CE-Norm müssen Kletterhelme ein aus 2 m Höhe fallendes Gewicht von 5 kg aushalten und so viel Energie aufnehmen, dass der Kopf nur noch mit dem physiologischen Grenzwert von 10 kN belastet wird. Die UIAA empfiehlt sogar 8 kN. Um an die Grenzen der Schutzfunktion zu kommen, genügt bereits ein Stein von 1 kg, welcher aus 10 m auf den Helm fällt (Schubert, 2006). Die frontale, seitliche und rückwärtige Energieaufnahme ist erheblich geringer!

Bau- oder Fahrradhelme sind nicht zum Klettern geeignet, da sie für andere Krafteinwirkungen ausgelegt sind. Spitze Steine können z.B. durch die Lüftungsschlitze des Fahrradhelms dringen. Inzwischen gibt es multifunktionale Kletterhelme, welche für das Mountainbiken und Skifahren zugelassen sind. Ein beschädigter Helm mit Deformation muss sofort ersetzt werden.

Beim Klettern in brüchigem Gestein ist ein Helm unverzichtbar (s)

Auch wenn keine Steinschlaggefahr besteht, sollten Kletteranfänger am Fels einen Helm tragen, da man sich beim Sichern (z.B. unter einem Überhang) und beim Klettern (z.B. Sturz an einer Dachkante) leicht den Kopf anschlagen kann.

Für erfahrene Kletterer gilt: Im Sportkletterbereich kann bei günstiger Absicherung und festem Fels auf den Helm verzichtet werden. Jedoch sollte man stets auf die Situation oberhalb der Route achten: Befinden sich dort Menschen oder Tiere, die Steinschlag auslösen könnten, lockeres Gestein oder Totholz? An Felsen, die nicht wirklich fest sind, wird empfohlen, dass zumindest der Sicherer einen Helm trägt.

Helmpflicht besteht beim Klettern in Mehrseillängenrouten und beim Klettern in brüchigem Gestein oder wenn gefährliche Stürze möglich sind. Die Ausrede, dass ein Kletterhelm in harten Routen zu schwer sei, gilt schon lange nicht mehr. Die leichtesten Helme wiegen nur noch 220 Gramm.

Grundsätzlich gibt es drei Helmtypen:

▷ Hartschalenhelme bestehen aus einer dicken und festen Kunststoffschale. Daher sind sie robust und können stärker und häufiger belastet werden. Andererseits sind sie relativ schwer und halten bei niedrigen Temperaturen, z.B. im Gebirge, weniger warm.

▷ Hartschaumhelme (Inmolding-Helme) ähneln den Fahrradhelmen. Die Außenhaut besteht aus einer sehr dünnen Schicht Kunststoff. Bei Steinschlag verformt sich der styroporartige Hartschaum und der Helm wird unbrauchbar. Diese Helme sind zwar empfindlich gegen Draufsetzen oder -treten, jedoch deutlich leichter, halten bei tiefen Temperaturen den Kopf wärmer und bieten die besseren Lüftungssysteme. Dies ist in sonnigen Südwänden von Vorteil.

▷ Hybridhelme sind Mischformen aus Hartschalen- und Hartschaumhelmen. Sie besitzen eine dünnere Außenschale als Hartschalenhelme und sind nicht so empfindlich wie Hartschaum.

Beim Kauf von Kletterhelmen ist neben der bequemen Passform auf folgende Punkte zu achten:

▷ Geringes Gewicht: Für das Schwierigkeitsklettern gilt: Je leichter, desto besser.

▷ Lüftungsschlitze: Sollten seitlich angebracht sein.

▷ Helle Farbe: Weiße Helme erzeugen weniger Hitzestau.

▷ Signalfarbe: Beim Alpinklettern besser, da man im Notfall leichter sichtbar ist.

▷ Verstellsystem: Einfach und bequem sind Verstellräder.

▷ Stirnlampenhalterung: Vier stabile Clips sind ideal.

▷ Festigkeit der Gurte: Ist mitbestimmend für die Schutzfunktion.

▷ Kopfpolster: Je dicker, desto komfortabler.

▷ Es sollte eine Mütze unter den Helm passen.

Tipp: Rutscht ein Helm auf den Hinterkopf oder wackelt er, sitzt er falsch und besitzt nicht seine volle Schutzfunktion! Um dies zu prüfen, kann der Kopf nach links und rechts gedreht und geschüttelt werden. Der Helm darf sich dabei nicht bewegen!

Klemmgeräte und Klemmkeile

Klemmgeräte und Klemmkeile sind mobile Sicherungsmittel, die in Risse oder Löcher gelegt und wieder entfernt werden (☞ Zwischensicherungen, S. 102). Ein Placement ist eine Felsstruktur, die das Legen einer Sicherung erlaubt.

Die Festigkeiten der Klemmgeräte beziehen sich auf das Gerät mit Schlinge. Die Auszugs- bzw. Bruchkraft laut Norm muss unabhängig von Größe, Form und Material 5 kN betragen. Dies ist nach Norm die Mindestanforderung für kleine Geräte (Schubert, 2002). Größere Geräte besitzen eine Bruchkraft bis 15 kN. Die Sprengwirkung kann das Zweifache der Belastung in Zugrichtung erreichen (Semmel, 2005).

Klemmkeile (Nuts) sind doppelkonische, manchmal konkav eingekerbte (Mehrpunktauflage!) Metallklötze mit Drahtkabelschlinge, welche in nach unten schmaler zulaufende Risse gelegt und festgezogen werden. Rocks (Stopper) erreichen durch ihre Bananenform eine Dreipunktauflage und somit bessere Haltekräfte. Kleine Mikrokeile aus Messing (RPs) mit geraden Flanken und eingelötetem Drahtkabel dürfen nicht quer gelegt werden.

Abb. 14a: Rock (© DMM)

Die Bruchfestigkeit von Keilen liegt zwischen 2 (Mindestnormanforderung) und ca. 17 kN, wobei Keile mit einer Festigkeit unter 6 kN nicht als Zwischensicherung geeignet sind, sondern nur zur Fortbewegung beim technischen Klettern oder als moralische Sicherung (Schubert, 2005). Klemmkeile haben eine Sprengwirkung der 1,5- bis 3-fachen Zugbelastung (Semmel, 2005). Ein Klemmkeilentferner (Nutkey oder Grübler) ist ein ca. 15 cm langes, flaches Metall mit Haken (Abb. 14b).

Abb. 14b: Nutkey (© LACD)

Tricams besitzen eine runde und eine pyramidenförmige, spitze Seite. Die eingenähte Bandschlinge bewirkt unter Belastung eine Verdrehung, wodurch sich diese Keile in Rissen oder Löchern festziehen lassen. Die Bruchfestigkeit liegt zwischen 6 und 12 kN.

Abb. 14c: Tricam (© CAMP)

Hexentrics sind asymmetrisch sechseckige, hohle Keile für breite Risse. Durch die Form können Hexentrics in verschiedenen Positionen gelegt werden.

Abb. 14d: Hexentric (© Black Diamond)

Friends sind mechanische Klemmgeräte, welche schnell gelegt werden können. Die auf dem Kniehebelprinzip beruhende Mechanik besteht aus einer gehärteten Stahlachse und vier Klemmsegmenten aus hochfestem Aluminium, welche mit einem Drahtkabel über eine Spannfeder zusammengezogen werden können. Legt man einen Friend in einen Riss und lässt das Drahtkabel los, spreizen sich die Klemmsegmente und passen sich der Rissform an. Sobald von unten Zug auf den Friend kommt, spreizen sich die Klemmbacken und das Gerät verkeilt sich noch mehr.

Friends wurden ursprünglich für parallele Risse in Granit, Sandstein oder Basalt konzipiert. Der Anstellwinkel liegt in parallelen Rissen aufgrund des Prinzips der logarithmischen Spirale (d.h. der Kreisradius wird größer) konstant bei 14° (Schubert, 2005). Kalksteinrisse sind oft nicht parallel, sodass das Legen schwieriger ist. Friends mit elastischem Steg lassen sich auch in horizontale Risse oder Löcher legen. Doppelte Schlingen sind für Situationen gedacht, in denen eine Verlängerung sinnvoll ist. Die Klemmbreite beträgt je nach Größe ca. 8 bis 180 mm.

Link Cams besitzen wie Friends eine Achse mit vier Segmenten. Diese bestehen jedoch wiederum aus kleineren Segmenten, wodurch sich der Cam auf- und zuklappen lässt. So ergibt sich ein größerer Klemmbereich. Fat Cams haben besonders breite Auflageflächen für weiche Gesteinsarten und Mixed-klettern.

Camalots weisen zwei Achsen mit je zwei Segmenten auf. Die nach links ausgerichteten Segmente gehören zur rechten Achse und umgekehrt. Durch diese Mechanik wird ein größerer Klemmbereich abgedeckt als durch Friends und die zweite Achse führt zu höherer Bruchfestigkeit. Cams sind durch das bessere Handling den Friends vorzuziehen!

Sliders oder Ballnuts eignen sich als Mischform zwischen Cam und Klemmkeil für extrem schmale Risse mit einer Breite von 3 bis 18 mm. Ballnuts bestehen aus einem Keil mit kegelförmiger Führungs-rinne, in welcher eine Art Halbkugel aus Kupfer durch ein Drahtkabel bewegt wer-den kann, wodurch die Größe an die Rissbreite angepasst wird. Im Sturzfall wird die Halbkugel gegen den Fels gepresst. Die Normbruchkraft beträgt ca. 8 kN.

© Omega Pacific

Abb. 14e: Link Cam (o.),
Abb. 14f: Camalot (u.)

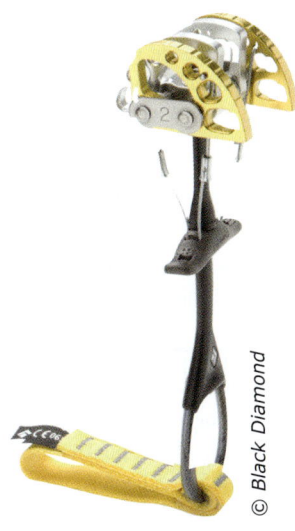

© Black Diamond

Abb. 14g: Ballnut (© CAMP)

Rohrähnliche BigBros taugen für breite Risse bis 50 cm. Sie sind leichter als große Cams, werden per Knopfdruck ausgefahren und durch Drehen festgeschraubt.

Abb. 14h: BigBro (© Trango)

Klemmgeräte sollten ausgesondert werden, wenn Schlinge oder Drahtkabel beschädigt sind oder die Achse verbogen ist und die Feder nicht mehr richtig funktioniert. Kleine Schäden an den Backen der Segmente lassen sich wegfeilen und die Vertiefungen zwischen den Zähnen neu herausfräsen. Größere Dellen machen das Gerät unbrauchbar. Gefundene Cams könnten korrodiert sein!

Tipp: Für das Mitnehmen extrem vieler Sicherungsmittel empfiehlt sich eine Materialschlinge, z.B. die „Zodiac Gear Sling" von Black Diamond.

Bandschlingen und Reepschnüre

Bandschlingen und Reepschnüre werden an Zwischensicherungen oder zur Verbindung von Fixpunkten beim Standplatzbau verwendet. Im Unterschied zu einem Seil dehnen sie sich kaum und sind nur für statische Belastungen und nicht zur dynamischen Sicherung geeignet.

Bandschlingen sind 6 bis 25 mm breite und vernähte Schlingen aus Polyamid (PA) bzw. Nylon mit einer Norm-Mindestbruchkraft von 22 kN. Bewährt haben sich die Längen 60 und 120 cm. Schlauchband besitzt gegenüber Flachband oder Reepschnur ein höheres Kantenarbeitsvermögen und eine höhere Festigkeit. Bei nicht vernähtem Bandmaterial aus PA wird die Bruchkraft durch Kennfäden (5 kN pro Faden) angegeben. Die Bruchfestigkeit muss laut CE-Norm mindestens Breite x Dicke x 0,3 betragen. Eine 25 mm breite und 3 mm dicke Bandschlinge hält also 25 x 3 x 0,3 kN = 22,5 kN. Die Bruchdehnung liegt bei ca. 30 %.

Dyneema- und Spectrawebschlingen sind Mischgewebe aus Polyethylen (PE) und PA. Sie sind dünn (6-8 mm bzw. 10-14 mm), leicht und weiß, da sich das glatte PE nicht einfärben lässt. Wegen der glatten Oberfläche eignet sich nur der doppelte Spierenstich (☞ Anseilen und Knotentechnik, S. 58) zur Verbindung von Dyneemaband - alle anderen Knoten rutschen schon bei geringer Belastung durch (Schubert, 2008). Verkauft werden diese Schlingen deshalb fast nur vernäht. Für den Standplatzbau können sie trotzdem verwendet werden, da der Mastwurf erst bei kontinuierlicher Belastung über 3 kN zu wandern beginnt (Schubert, 2008). Die Bruchdehnung liegt unter 10 %.
PE hat eine ca. viermal höhere Festigkeit als PA, ein höheres Kantenarbeitsvermögen, eine höhere UV-Beständigkeit und eine höhere Scharfkantenfestigkeit. Da der Schmelzpunkt mit ca. 150° unter dem von PA (ca. 250°) liegt (Semmel, 2007), ist die Gefahr der Schmelzverbrennung allerdings höher. PE-Schlingen sind daher nicht zum Einrichten von Topropeumlenkungen, sondern nur für Sanduhren und Zwischensicherungen geeignet. Die Länge der Schlingen sollte so gewählt werden, dass man sie einfach oder doppelt um die Schulter hängen kann.

Eine Reepschnur ist ein statisches Kern-Mantel-Seil aus PA mit einer Stärke zwischen ca. 4 und 8 mm. Dünneres Material eignet sich nicht, höchstens als Nachziehleine. Reepschnüre werden als Sanduhrschlinge, Prusikschlinge (☞ Abseilen, Rückzug und Ablassen, S. 119), Knotenschlinge (☞ Zwischensicherungen, S. 102), zum Verbinden von Fixpunkten (☞ Standplatzbau und Partnersicherung, S. 108) und zum Bau von Flaschenzügen verwendet. Die Bruchfestigkeit muss laut CE-Norm mindestens ein Fünftel des

Durchmessers im Quadrat betragen. Eine 6-mm-Reepschnur hält demnach 6 x 6 · 0,2 kN = 7,2 kN. Die Bruchdehnung liegt bei ca. 35 %. Reepschnüre aus Aramid (Kevlar) sind hochfest, relativ steif und eignen sich besonders zum Fädeln dünner Sanduhren. Sie können jedoch nicht abgeschnitten und mit einem Feuerzeug verschweißt werden, da ihr Schmelzpunkt bei 400° liegt (Semmel et al., 2009).

Unter Knotenfestigkeit versteht man die Reißfestigkeit eines Knotens im Vergleich zur Belastbarkeit des Einzelstranges (100 %). Jeder Knoten in Reepschnüren, Seilen oder Bandschlingen vermindert deren Festigkeit, weil durch Biegung Zug- und Druckzonen entstehen und somit der tragende Querschnitt für die Energieaufnahme kleiner ist (Semmel, 2007). Der Bruch von verknoteten Bandschlingen und Reepschnüren erfolgt daher durch Quetschung, Streckung und Erreichen der Fließgrenze direkt vor oder im Knoten. Die Verringerung der Reißfestigkeit durch Knoten ist wegen der verschiedenen

Abb. 15: Vergleich der Festigkeiten von verknoteten Reepschnüren

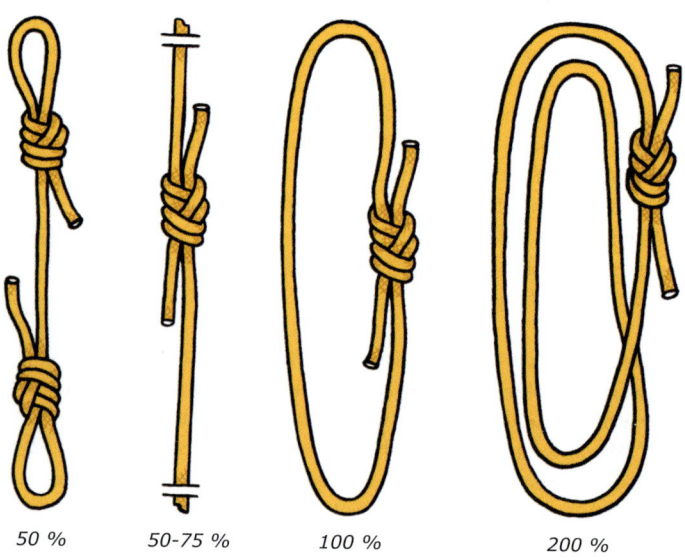

50 %   50-75 %   100 %   200 %

Biegeradien von Knoten zu Knoten (☞ Anseilen und Knotentechnik, S. 58) unterschiedlich. Sie beträgt in Bandschlingen beim Achter in Ringform ca. 20 % und beim Sackstich in Tropfenform bis zu 60 % (Semmel, 2007). Dann beträgt die Knotenfestigkeit nur noch 40 %!

Je dünner, glatter und steifer eine Reepschnur ist, desto geringer ist die Knotenfestigkeit (Schubert & Stückl, 2003). Knoten in PA-Reepschnüren vermindern daher die Festigkeit um bis zu 50 %, in Dyneema- oder Kevlar-Reepschnüren (Sackstich in Tropfenform) sogar um bis zu 75 % (Semmel, 2007).

Eine zugeknotete (doppelsträngige) Reepschnur hat etwa die Festigkeit des unverknoteten Einzelstranges. Durch den Knoten beträgt die Festigkeit zwar nur noch 50 %, die Reepschnur wird jedoch im Doppelstrang verwendet, sodass diese Reduzierung nahezu aufgehoben ist. Die Nassknotenfestigkeit beträgt etwa 75 % der Knotenfestigkeit (Schubert & Stückl, 2003).

Wie Kletterseile sind Reepschnüre und Bandschlingen bei Beschädigung auszuwechseln sowie von Säuren fernzuhalten. Die maximale Verwendungsdauer liegt bei normalem Gebrauch aufgrund der Alterung durch UV-Strahlen zwischen 5 Jahren bei Kevlarreepschnüren (Semmel et al., 2009) und 10 Jahren bei PA-Schlingen.

Tipp: Die Reduzierung der Reißfestigkeit ist der Grund dafür, dass für verschiedene Anwendungen nur bestimmte Knoten geeignet sind. Mehrfachverknotungen sind zu vermeiden und vernähte Bandschlingen vorzuziehen!

Abseilgeräte

Mit allen modernen Sicherungsgeräten kann abgeseilt werden, z.T. aber nur im Einzelstrang. Für den Abseilachter, welcher aus zwei verschweißten Aluminiumringen besteht, gibt es bislang keine Norm (Schubert, 2006). Aufgrund der Überdimensionierung besteht allerdings selbst bei stark eingeschliffenen Achtern keine Gefahr und Haarrisse können höchstens durch Herstellungsfehler auftreten, nicht jedoch durch Herunterfallen (Schubert, 2002).

Eckige Abseilachter verringern die Wahrscheinlichkeit des Umschlagens des eingelegten Seils in einen Ankerstich (☞ Abseilen, Rückzug und Ablassen,

S. 119). Gebogene Achter besitzen zwei Bremsstufen, exotische Formen mit abstehenden Metallnasen können vollständig blockiert werden. Solche Achter werden meistens beim Canyoning oder in der Bergrettung benutzt.

© Petzl   © Climbing Technology   © Petzl

Abb. 16 (o.): Abseilachter eckig, gebogen und mit Haken

Abb. 17: Abseilachter in V-Form und mit Plastikeinlage (© Edelrid)

Sehr große Abseilachter entwickeln beim Abseilvorgang zwar nicht so viel Hitze, sind jedoch unhandlich und schwer. Sehr kleine Achter schaden durch die höhere Reibung dem Seil und können sehr heiß werden. Plastikeinlagen oder angebaute Plastiknasen halten den Karabiner in Position und verhindern ein Verbrennen der Finger beim Lösen des Achters nach dem Abseilvorgang. Das Modell Terence von Edelrid bietet durch die V-Form gleichzeitig höhere Reibung und somit eine höhere Bremskraft.

Tipp: Das einzige Abseilgerät, welches ohne Hintersicherung auskommt, ist das Alpine Up im Doppelstrang (☞ Abseilen, Rückzug und Ablassen, S. 119).

Chalk

Chalk (Magnesia) erhöht die Reibung (den Grip) auf den Klettergriffen bzw. an den Fingern. Es ist chemisch gesehen eine Mischung aus Magnesiumcarbonat $[MgCO_3]$, Magnesiumhydroxid $[(Mg(OH)_2]$ und Magnesiumoxid $[MgO]$. Die Zusammensetzung und somit die physikalischen Eigenschaften schwanken je nach Hersteller. Das ungiftige Chalk bindet Feuchtigkeit aus der Umgebung, z.B. Luftfeuchtigkeit oder Handschweiß. Wird dem Chalk wie beim „Super Chalk" von Metolius das Trocknungsmittel Cabosil®, ein Siliziumdioxidpulver (Kieselsäure), beigemischt, ist das Chalk besonders hygroskopisch (Wasser anziehend) und bildet seltener Schmierschichten.

Der Chalkeinsatz war früher umstritten und ist heute z.T. in Sandsteinklettergebieten unerwünscht bzw. verboten (z.B. in der Pfalz) oder generell nicht erlaubt (z.B. Magnesiaverbot im Elbsandsteingebirge), weil Chalk die Porosität und die Rauhigkeit des Steins verringert und unschöne Spuren hinterlässt. Kalkstein hingegen wird durch Chalk geschont, da es den sauren Handschweiß neutralisiert. Inzwischen gibt es Chalkgel, welches keine Spuren mehr hinterlässt.

Chalk im Einsatz (s)

Aus gesundheitlicher Sicht gibt es keine Einwände gegen Chalk. In Kletterhallen erhöht es zwar den Staubgehalt der Luft, die Grenzwerte für Feinstaubbelastungen werden aber nicht überschritten, sodass ein Chalkverbot keinen Sinn macht (Weinbruch, 2008).

Loses Chalk bewahrt man am besten in einer Dose mit Schraubverschluss auf. Es eignet sich bestens, um einen großen Boulderchalkbag aufzufüllen. Diese Beutel sollten ein Außennetz oder eine Tasche mit Reißverschluss haben, um Tape und Bürsten unterzubringen. Kleinere Chalkbags zum Transport während des Kletterns haben nur einen Befestigungsgürtel und eine Bürstenhalterung.

Die Brocken im losen Chalk sind ideal, um Tickmarks anzubringen oder um Chalk auf die Finger zu reiben. Loses Chalk muss eher hartkörnig, nicht zu fein und gering porös sein. Wird ohne Chalkbeutel (Chalkbag) geklettert oder ist zum Chalken nicht viel Zeit, schmiert man sich das lose Chalk am Oberschenkel dick auf die Kletterhose. Nachchalken im Durchstiegsversuch erfolgt dann blitzschnell mit einem kleinen Klatsch. Da dabei leicht zu viel Chalk auf den Fingern kleben bleibt, bläst man dieses gleich wieder ab.

Bei Chalkbällen ist die Abgabe so dosiert, dass ein Abblasen der Finger nicht nötig ist. Besonders praktisch sind befüllbare Chalkbälle. Chalkwürfel enthalten ein Bindemittel und sind daher beim extremen Bouldern nicht erste Wahl. Flüssigchalk ist in Alkohol gelöst, wird auf die Haut aufgetragen und bildet durch Trocknen eine dünne Chalkschicht, welche allerdings relativ schnell abgerieben ist. Beim Routenklettern wird es daher in Kombination mit normalem Chalk eingesetzt, von dem man dann weniger braucht, weil die Hände durch das Flüssigchalk länger trocken bleiben. Chalkgel (Ecochalk) ist eine Art Creme, die verdunstet und einen Chalkfilm hinterlässt. Es ist für empfindliche Haut besser, da es keinen Alkohol enthält und länger haftet.

Eine Alternative ist das Kolophonium aus Koniferenharz. Dieses hydrophobe, also absolut trockene und extrem klebrige Pulver, wird in Fontainebleau als „Pof" zum Bouldern verwendet. Es kann auch auf den Kletterschuh aufgetragen werden.

Nach dem Klettern sind die Hände vom Chalk stark ausgetrocknet und benötigen Pflege. Hierfür und zur schnelleren Heilung von Rissen und Wunden hat sich Climb-On Creme bestens bewährt.

Tipp: Zuviel Chalk oder Pof führt zu schmierigen Griffen. Dann hilft nur noch intensives Putzen mit einer Boulderbürste. Stark zugechalkte Griffe in Überhängen, welche nicht vom Regen abgewaschen werden, können mit einem Schwamm gereinigt werden.

Sicherungstechnik Sportklettern

Die Sicherung muss verlässlich sein, denn sie dient als Lebensversicherung. Die in diesem Kapitel beschriebenen Sicherungstechniken orientieren sich eher am Outdoorklettern, gelten aber auch weitgehend für die Kletterhalle.

Theoretische Grundlagen

Kletterseile sind dynamisch, d.h., sie dehnen sich. Die Gebrauchsdehnung ist die Seildehnung beim Hineinsetzen in das Seil. Sie darf bei Einfachseilen nach Norm maximal 10 % betragen. Die Fangstoßdehnung ist die Dehnung beim Sturz. Sie darf 40 % nicht überschreiten. Bei einem Sturzfaktor (s.u.) von 0,3 liegt die dynamische Dehnung etwa bei 15 %. Diese Dehnung reduziert den Fangstoß, die maximale Kraft, die im Moment der maximalen Seildehnung auf den Stürzenden einwirkt. Mit zunehmendem Fangstoß wird der Ruck stärker, den man beim Abbremsen spürt, der Sturz wird „härter". Der Fangstoß hängt von der Seildehnung, von der Oberfläche des Seils, vom Seilverlauf, von der Anzahl der Zwischensicherungen, vom Sturzfaktor, von der Sicherungsart sowie vom Gewicht und von der Reaktion des Sichernden ab (z.B. dynamische Sicherung). Die absolute Sturzhöhe spielt keine Rolle. Die Normen besagen, dass der maximale Fangstoß 6 kN (600 kg) betragen darf. Bei höherer Krafteinwirkung treten zunehmend schwere Verletzungen auf. Kräfte über 12 kN kann der menschliche Körper kaum überleben (Fimml & Larcher, 2000).

Der andere Teil der Fallenergie wird durch die Reibung in der Sicherungskette, beim Seildurchlauf durch das Sicherungsgerät und durch die Beschleunigung des Sichernden, den Sturzzug, aufgenommen. Es gilt folgende Faustregel: Der Fangstoß beträgt das 1,5-fache, die Kraft auf die letzte Zwischensicherung das 2,5-fache (!) des Sturzzugs.

Beim Seildurchlauf beträgt der Durchlaufwert bei der HMS-Sicherung bei einem 10-mm-Seil 2,5 bis 3 kN, bei Tubes 1,5 bis 3 kN und bei Halbautomaten 6 bis 10 kN (Semmel, 2005).

Der Sturzfaktor (**SF**) gibt die Härte eines Sturzes an. Sein Wert kann zwischen 0 und 2 liegen. Er ist wie folgt definiert: **SF = h / s** wobei **h** die Sturzhöhe (freie Sturzhöhe, d.h. mit Schlappseil, aber ohne Bremsweg) und **s** die insgesamt vom Sichernden ausgegebene Seillänge in Metern ist (Fimml &

Larcher, 2000). Faktor 2 ist der höchste erreichbare Wert, weil man nicht tiefer als die doppelt ausgegebene Seillänge fallen kann, es sei denn, der Sichernde gibt während des Sturzes Seil aus. Dann wird der Sturz aber sowieso weicher.

Der maximale Sturzfaktor sollte allerdings nicht größer als 1 sein, sonst sind schwere bis tödliche Verletzungen möglich. Befindet sich z.B. ein Kletterer in 15 m Höhe und die letzte Zwi-

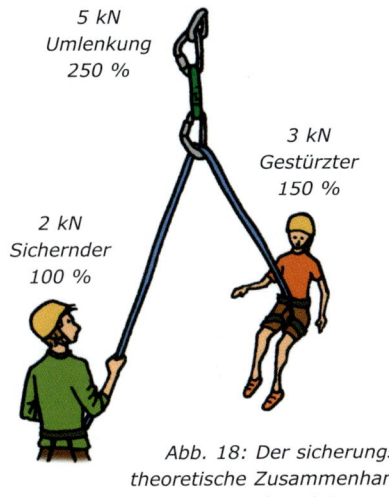

Abb. 18: Der sicherungstheoretische Zusammenhang von Fangstoß und Sturzzug

schensicherung 3 m unter ihm, so beträgt die Sturzhöhe 2 x 3 m = 6 m. Der Sturzfaktor ist 6/15 = 0,4 und somit relativ niedrig. Selbst wenn sich die letzte Zwischensicherung 6 m unterhalb befindet, liegt der Sturzfaktor noch deutlich unter 1, nämlich bei 0,8.

Demnach sind Sportkletterstürze in Bezug auf die Sturzhärte meist harmlos. Je mehr Seil ausgegeben wurde, desto mehr Sturzenergie kann aufgenommen werden. Gefährlich wird es erst auf Mehrseillängen-Routen mit großen Abständen der Zwischensicherungen, bei Stürzen direkt in den Standplatz oder auf den Boden.

Von der Halle an den Fels

Bisher gibt es im Klettersport keine verbindlichen Qualifikationsnachweise. Da aber beim Sichern und Klettern in der Halle viele Fehler gemacht werden, wurde vom Deutschen Alpenverein DAV mit dem Kletterschein ein freiwilliger Nachweis geschaffen, dass Vorstiegsklettern und Sichern richtig erlernt wurden.

Beim Schritt von der Halle an den Fels ändern sich die Bedingungen, denn der Fels ist kein genormtes und überprüftes Trainingsgerät - Absicherung und Felsqualität können höchst unterschiedlich sein. Um die Gefahren richtig einschätzen zu können, braucht es Erfahrung. Diese holt man sich am besten in einem Felskletterkurs. Dort lernt man auch, wie man die Felsstruktur am besten ausnutzt.

Für erste eigene Schritte eignen sich gut gesicherte Klettergärten oder Baseclimbs, die nur den unteren Teil einer höheren Wand nutzen. Für erste Mehrseillängen-Routen empfiehlt sich Plaisirklettern in gut abgesicherten Routen mit geringen objektiven Gefahren. Zur Orientierung dient ein Kletterführer. Dieser enthält Routenskizzen, Topos, die den Routenverlauf durch Symbole und Zeichnungen wiedergeben.

Tipp: Fels kann immer locker sein. Beim vorsichtigen Abklopfen fragwürdiger Bereiche sollten hohl klingende Griffe und Tritte nicht verwendet werden. Besteht Gefahr, müssen diese behutsam entfernt werden.

Um richtig zu sichern, sollten prinzipiell folgende Kletterregeln beachtet werden:

▷   Safety First: Vor jedem Start ist ein gegenseitiger Partnercheck nach dem Vier-Augen-Prinzip durchzuführen: Sitzt der Helm richtig? Ist der Klettergurt korrekt geschlossen? Ist der Anseilknoten richtig geknüpft? Ist das Seil in das Sicherungsgerät richtig eingelegt, das Sicherungsgerät korrekt mit dem Klettergurt verbunden? Ist das freie Seilende gesichert? Diese Kontrolle sollte nicht nur optisch erfolgen. Durch Seilzug ist zu prüfen, ob die Sicherung im Sturzfall funktioniert (Zugprobe).

▷   Sichern erfordert höchste Aufmerksamkeit, Umsicht und Eigenverantwortung. Die Aktionen des Kletternden müssen ständig beobachtet werden. Herumalbern oder Gespräche sind während des Sicherns tabu, da Ablenkung nur für den Bruchteil einer Sekunde zu einer Katastrophe führen kann.

▷   Das Sicherungsgerät muss richtig bedient werden (☞ Bedienung der Sicherungsgeräte, S. 68).

▷   Nach Möglichkeit sind alle Zwischensicherungen einzuhängen, auf jeden Fall die ersten drei in Bodennähe, und zwar richtig herum (☞ Klipptechnik, S. 87).

▷   Klare Kommunikation! „Seil" ist das Kommando für: Gib Seil durch dein Sicherungsgerät. „Zu" oder auch „Dicht", „Bloc" und „Zieh an" sind Kommandos für: Straffe das Seil, ich möchte hineinsitzen. „Ab" ist das Seilkommando für: Ich möchte bis zum Boden abgelassen werden. Ist in Ausnahmefällen weitere Kommunikation notwendig, müssen kurze und klare Anweisungen gegeben werden. Das Kommando „Stand" hat beim Sportklettern in Einseillängenrouten nichts verloren, es sei denn, der Kletterer macht tatsächlich Stand, um selbstständig abzuseilen.

▷   Der potentielle Sturzraum muss freigehalten werden.

▷   Abseilen und Ablassen sollten langsam und kontrolliert erfolgen. Blickkontakt halten!

▷   Auch auf andere sollte Rücksicht genommen werden: Herumbrüllen ist tabu.

▷   Ist man als Anfänger mit der Sicherungstechnik noch nicht vollständig vertraut, so wird durch ein Back-up eine Hintersicherung hergestellt. Hierzu hält eine weitere Person das Bremsseil hinter dem Sicherungsgerät.

Abb. 19: Selbst gesichertes Freiklettern am Fixseil

Das selbst gesicherte Klettern an einem fixierten Seil ohne Sicherungspartner („petzln") ist ein Sonderfall für den Klettergarten. Zur Hintersicherung verwendet man zwei Steigklemmen (z.B. Basic von Petzl) übereinander, welche jeweils mit Safelock-Karabiner (um das Seil!) befestigt werden. Zur Führung kann die obere Steigklemme mit einer

Bandschlinge am Nacken befestigt werden. Freie Fallhöhe ist zu vermeiden! Oben angekommen wird abgeseilt (☞ Abseilen, Rückzug und Ablassen, S. 119).

Tipp: Das sicher fixierte Seil, z.B. mit Sackstich (☞ Anseilen und Knotentechnik, unten) und Verschlusskarabiner an einem Haken, darf nicht über eine scharfe Felskante laufen (evtl. Unterlage!). Beschweren Sie beim Petzln das untere Seilende mit einem Gewicht, z.B. dem Restseil (als Seilpuppe). Nur so können die Steigklemmen selbstständig am Seil nach oben laufen. Diese Technik funktioniert nicht in Überhängen und verlangt höchste Aufmerksamkeit. Weil darunter der Spaßfaktor leidet, ist Bouldern eindeutig vorzuziehen!

Anseilen und Knotentechnik

Unter Anseilen oder Einbinden versteht man die mechanische Verbindung des Kletterseils mit der Anseilschlaufe (Zentralschlaufe, Sicherungsring) des Klettergurts. In der Knotenkunde gibt es unzählige verschiedene Knoten, viele davon aus der Seefahrt. Für das Klettern benötigt man nur etwa zehn. Diese sollten sehr gut beherrscht werden, möglichst auch in Dunkelheit, mit Handschuhen und einhändig.

Generell werden Knoten geknüpft. Beim Knüpfen kann gelegt oder gesteckt werden. Unter Legen versteht man, dass beide Seilenden gleichzeitig und parallel verwendet werden, z.B. in der Seilmitte. Unter Stecken versteht man, dass mit einem losen Seilende z.B. ein bereits im Seil befindlicher Knoten nachgefädelt wird. Einige Knoten können zudem in einer linken und einer rechten Variante geknüpft werden.

Ein zu einem U gelegtes Seil nennt man Bucht. Legt man ein Seil am Seilende übereinander oder wird ein Seil in der Seilmitte so verdreht, dass sich das Seil überkreuzt, entsteht ein Kreuztörn (für einige Knoten der Ausgangspunkt). Das dadurch gebildete „Loch" wird Auge genannt. Ein Auge kann lose gelegt (Kreuztörn), fest (bei einer Schlaufe) oder auch zuziehend sein (Tie-on-Schlinge, ☞ Zwischensicherungen, S. 102).

Der einfachste Knoten ist der Kreuzschlag bzw. Überhandknoten. Er wird häufig benutzt, um lose Enden als „Sicherungsschlag" zu fixieren. Ein Kreuzschlag mit zwei parallel geführten Seilsträngen heißt Sackstich.

Zum Einbinden wird nur sehr selten der gesteckte Sackstich in Tropfenform verwendet, da er sich unter Sturzbelastung stark zuzieht, sich sonst aber, besonders bei glatten, neuen Seilen, lockern kann. Daher ist ein Sicherungsschlag auf das Seil notwendig.

Optimalerweise benutzt man daher den gesteckten (doppelten) Achterknoten oder den doppelten Bulinknoten (doppelter Palstek). Alle drei Knoten sollten möglichst klein und möglichst nah an der Ein-

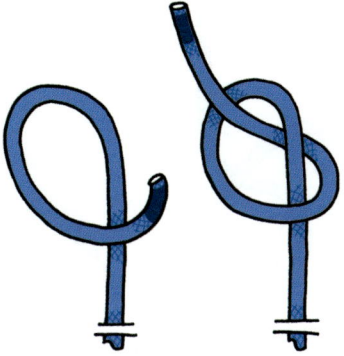

Abb. 20: Kreuztörn und Kreuzschlag

bindeschlaufe des Klettergurts platziert und fest zugezogen werden. Ein Seilüberstand von ca. 10 cm (mindestens das 10-fache des Seildurchmessers) garantiert, dass der Knoten nicht aufgeht.

Tipp: Das Einbinden erfolgt stets direkt in die Anseilschlaufe des Gurtes. Das Seil durch Hüft- und Beinschlaufe zu fädeln (paralleles Einbinden) führt zu unnötiger Fummelei und kann wegen der schwierigeren optischen Kontrolle und des Abklemmen des Seils bei nicht zu Ende geknüpftem Knoten nicht empfohlen werden.

Wird diese Methode trotzdem gewählt, macht sie nur Sinn, wenn das Seil von der einen Seite her mit durch die Anseilschlaufe auf die andere Seite geführt wird, da man sonst den Gurt einseitig belastet. Der Vorteil ist dann, dass der Knoten sehr eng am Körper sitzt. Dadurch erhöht sich die Reichweite beim Ausbouldern (Ausprobieren) von Projekten, wenn man sich in das Seil gesetzt hat.

Der Sackstich lässt sich auf zwei weitere Arten knüpfen. Der gelegte Sackstich in Tropfenform kann wie der gelegte Achterknoten (Achterschlaufe) als Seilendknoten (☞ Topropeklettern, S. 76 und Vorstiegsklettern, S. 82) und zum Einbinden in der Seilmitte mit Weiche in einer 3-er-Seilschaft verwendet werden (☞ Dreierseilschaft, S. 117).

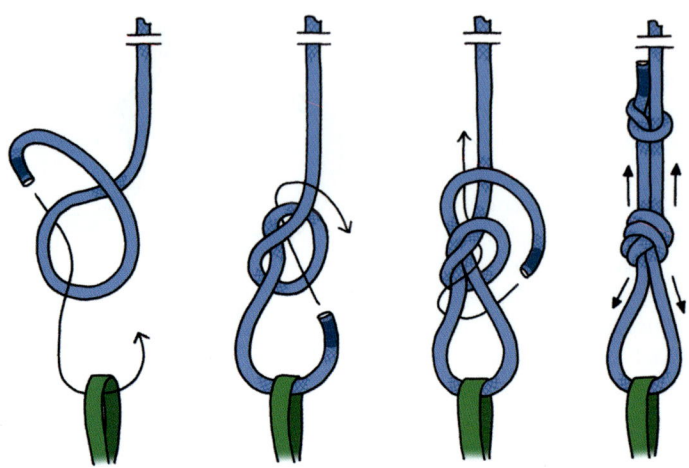

Abb. 21a: Sackstich gesteckt in Tropfenform mit Sicherungsschlag

Der gesteckte Sackstich in Ringform kann zur Verbindung von losem Bandmaterial verwendet werden und wird daher als Bandschlingenknoten bezeichnet. Die freien Enden sollten mindestens die dreifache Bandbreite

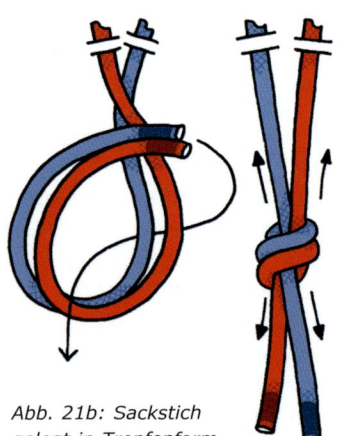

Abb. 21b: Sackstich gelegt in Tropfenform

betragen. Der Knoten kann allerdings aufgehen, wenn er sich an einer kleinen Felsnase verhakt (Schubert, 2001). Besser ist der gesteckte Achterknoten in Ringform (einfache Acht mit dem freien Ende nachfädeln), am allerbesten verwendet man aber vernähte Bandschlingen!

Beim Einbinden mit dem gesteckten Achterknoten in Tropfenform ist ein Sicherungsschlag zwar nicht üblich, jedoch empfehlenswert. Der gelegte Achterknoten kann zum Anseilen mit zwei gegenläufig einge-

Abb. 21c: Sackstich gesteckt in Ringform (Bandschlingenknoten)

hängten Schraubkarabinern verwendet werden (☞ Topropeklettern, S. 76). Der Achterknoten ist durch das charakteristische Knotenbild im Partnercheck sehr leicht zu kontrollieren. Er sollte von den gegenüberliegenden Enden her festgezogen werden.

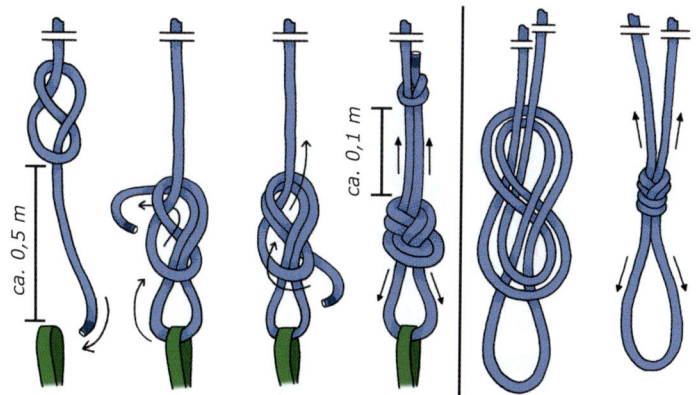

Abb. 22a: Achterknoten gesteckt mit Sicherungsschlag (links),
Abb. 22b: Achterknoten gelegt (rechts)

Der doppelte Bulin ist zum Einbinden beim Sportklettern der beste Knoten, da er sich nach Sturzbelastung sehr leicht lösen lässt und das Seil beim Ausbinden direkt knotenfrei ist. Allerdings erfordert die Kontrolle beim Partnercheck etwas Übung.

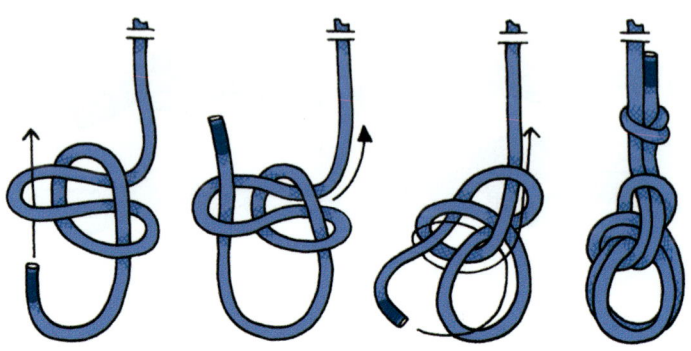

Abb. 23a: Doppelter Bulin gesteckt (o.), Abb. 23b: gelegt (u.)

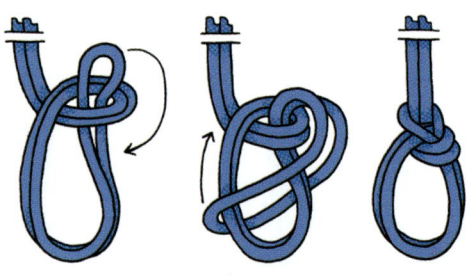

Der gelegte Halbmastwurf (HMS-Knoten) wird nach wie vor häufig zum Sichern verwendet, vor allem im alpinen Bereich. Er ist am charakteristischen Umschnappen des Seils im Karabiner leicht zu kontrollieren. Er kann auch direkt in einen HMS-Karabiner gelegt werden. Der gesteckte Halbmastwurf kann in Notfällen hilfreich sein.

Abb. 24a: Gesteckter Halbmastwurf

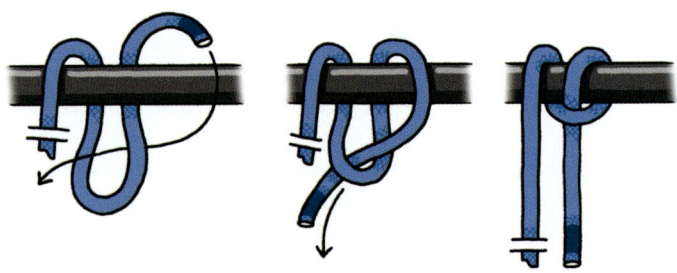

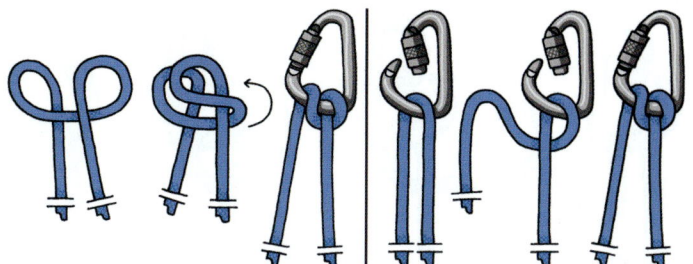

Abb. 24b: Gelegter Halbmastwurf (links), Abb. 24c: In Karabiner gelegter Halbmastwurf (rechts)

Der Mastwurf zieht sich unter Belastung fest zu und kann daher mit einem Verschlusskarabiner am Standplatz zur Selbstsicherung verwendet werden. Der größte Vorteil dieser Methode ist, dass man die Länge der Selbstsicherung leicht verstellen kann, ohne den Knoten

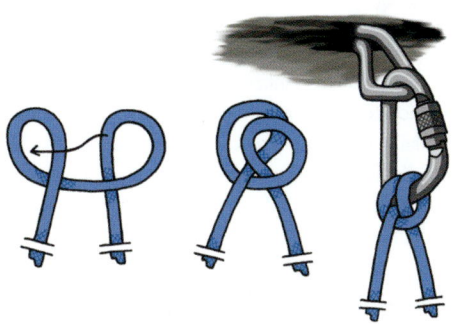

Abb. 25a: Gelegter Mastwurf

lösen zu müssen. Der Mastwurf kann wie der Halbmastwurf direkt in einen Karabiner gelegt und mit Bandmaterial geknüpft werden.

Abb. 25b: Gesteckter Mastwurf

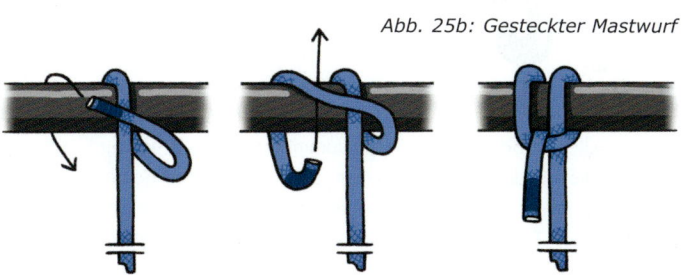

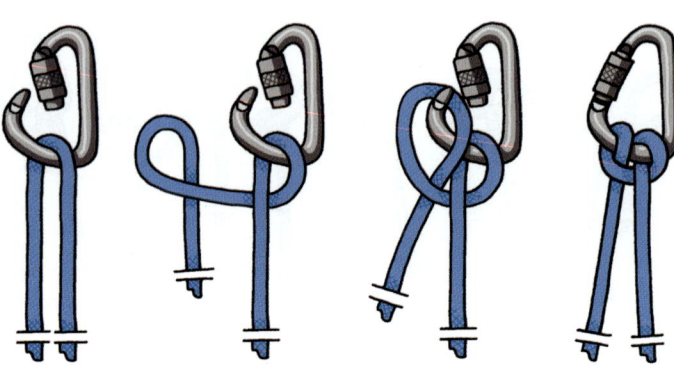

Abb. 25c: In Karabiner gelegter Mastwurf

Der gelegte Ankerstich wird z.B. zur Selbstsicherung verwendet. Am schnellsten zieht man die Bandschlinge ein kleines Stück durch die Anseilschlaufe und steckt das andere Ende der Bandschlinge doppelt durch das entstandene Auge. Das andere Ende wird nun mit einem Verschlusskarabiner in einen Haken gehängt. Der mit einem freien Seilende gesteckte Ankerstich ist unsicher!

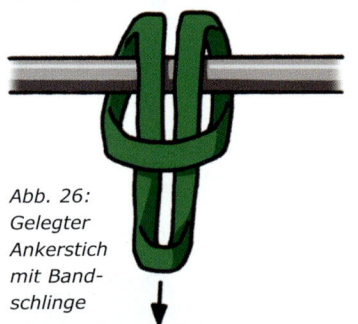

Abb. 26: Gelegter Ankerstich mit Bandschlinge

Der Schleifknoten ist eigentlich ein Kreuzschlag mit dem doppelt genommenen Bremsseil um das Lastseil. Der Schleifknoten dient zum Blockieren der HMS-Sicherung und der Tube-Sicherung. Dies kann notwendig sein, wenn der Kletterer lange in der Sicherung hängt, um eine Stelle ausgiebig zu inspizieren, oder wenn er gestürzt und verletzt ist. Sofern ein Ablassen nicht möglich ist oder nicht in Frage kommt, muss die Sicherung fixiert werden, um die Hände frei zu bekommen. Erst dann können Bergrettungsmaßnahmen veranlasst werden. Um ein Tube abzuklemmen, wird ein Schleifknoten unterhalb des Tubes auf der dem Karabinerverschluss gegenüberliegenden Seite geknüpft.

Der Schleifknoten muss hintersichert werden, sonst kann er sich öffnen. Man zieht dazu das doppelt genommene Seil weiter aus dem Schleifknoten heraus und macht noch einen Kreuzschlag um das Lastseil. Alternativ

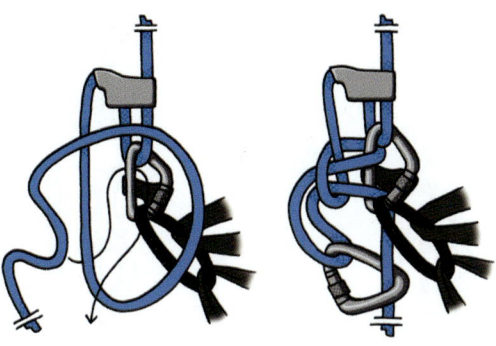

Abb. 27a: Hintersicherter Schleifknoten beim Tube

kann auch ein Karabiner eingehängt werden. Der Schleifknoten kann durch ruckartigen Zug am ursprünglichen Bremsseil (festhalten!) wieder gelöst werden.

Abb. 27b:
Hintersicherter Schleifknoten bei Vor- und Nachstiegssicherung

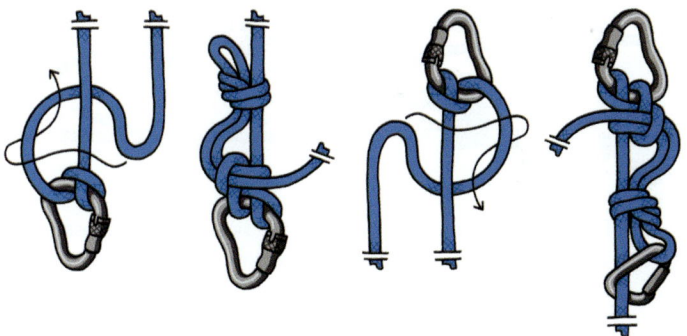

Zum Abklemmen des Abseilachters wird das Bremsseil zwischen Lastseil und großem Ring des Achters zweimal eingeklemmt. Soll ein unbelasteter Achter blockiert werden, zieht man das am Hals des Achters anliegende Seil über den großen Ring des Achters. Durch dieses Umschlagen des Achters entsteht ein Ankerstich (☞ Abseilen, Rückzug und Ablassen, S. 119).

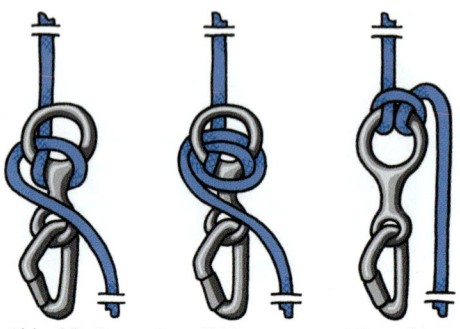

Abb. 28: Doppeltes Abklemmen und Umschlagen des Achters am Einfachseil

Der doppelte Spierenstich ist ein Knoten zum sicheren Verbinden zweier Seile mit gleichem (!) Durchmesser (sonst kann er sich aufziehen). Der Seilstrang wird jeweils zweimal um das Seil geschlagen und bildet im fertigen Knoten einen Formschluss. Er wird neben dem gelegten Sackstich in Tropfenform gerne zum Binden einer kurzen Prusikschlinge verwendet. Beim Abseilen sollte er nicht verwendet werden, da er sich beim Seilabziehen leicht verhängen kann.

Abb. 29: Der doppelte Spierenstich

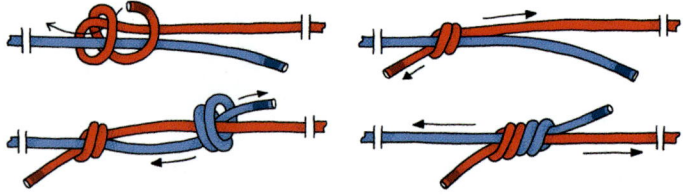

Der Prusikknoten ist ein Klemmknoten, zieht sich also unter Belastung zu. Um ihn zu knüpfen, legt man eine Reepschnurschlinge als Ankerstich lose um das Seil. Nun fädelt man mit der langen Schlinge wieder um das Seil und führt sie erneut durch die entstandene Bucht. Der entlastete Prusikknoten

Abb. 30: Der Prusikknoten

lässt sich auf dem Seil verschieben. Belastet man ihn, so verklemmt er sich am Seil. Das optimale Verhältnis des Durchmessers von Seil zu Reepschnur liegt bei ca. 2:1. Ist das Seil nass oder vereist, klemmt der Prusikknoten schlecht. In diesem Fall muss eine Umwicklung mehr geknüpft werden.

Beim Abseilen wird er als zusätzliche Hintersicherung aus Gründen der Redundanz verwendet (☞ Abseilen, Rückzug und Ablassen, S. 119).

Abb. 31: Das Prusikverfahren

Prusikschlingen sind außerdem wichtige Bauteile eines Flaschenzuges. Unter Aufprusiken oder Prusiken versteht man das Aufsteigen an einem Seil mittels zweier Prusikknoten, welche man abwechselt entlastet und höher schiebt. Knotet man die Trittschlinge um den Fuß (z.B. mit Ankerstich), rutscht der Fuß nicht so leicht heraus. Die Schlingenlänge sollte individuell abgestimmt werden!

Abschließend kann gesagt werden, dass ein sauberes Knotenbild sehr wichtig ist. Denn nur so können falsche Knoten beim Partnercheck schnell erkannt werden. Sauber gebundene Knoten lassen sich außerdem leichter lösen und es entsteht keine unnötige zusätzliche Bruchlastreduzierung.

Tipp: Lassen Sie sich beim Knüpfen von Knoten nicht ablenken. Ein nicht zu Ende geknüpfter Anseilknoten kann üble Folgen haben!

Bedienung der Sicherungsgeräte

Neben der richtigen Bedienung ist auch die situationsabhängige Wahl des Sicherungsgerätes wichtig. Für alle Geräte gilt, dass ihre Verwendung erst nach gründlicher Einübung der korrekten Handhabung, am besten in einem Kletterkurs, erfolgen darf!

Bei der Körpersicherung ist das Sicherungsgerät direkt am Klettergurt fixiert. Bei einem Sturz des Vorsteigers nimmt der Körper des Sichernden einen Teil der Energie auf, im Gegensatz zur Fixpunktsicherung in Mehrseillängenrouten (☞ Sichern des Vorsteigers vom Standplatz aus, S. 114), bei welcher die Masse des Sichernden nicht Teil der Sicherungskette ist. Bei der Körpersicherung hält die Führungshand das zum Kletterer führende Seil, die Bremshand befindet sich hinter dem Sicherungsgerät. Prinzipiell gilt beim Sichern die Dreibeinlogik:

▷   Das Bremsseil muss stets mit mindestens einer Hand gehalten werden. Eine Umschließung mit nur zwei oder drei Fingern ist grob fahrlässig.

▷   Das Bremsseil muss so gehalten werden, dass die Funktion des Sicherungsgerätes gewährleistet ist (z.B. gehört beim Tube das Bremsseil stets nach unten).

▷   Der menschliche Greifreflex darf nicht abtrainiert werden, denn im Sturzfall darf unter keinen Umständen das Bremsseil losgelassen werden.

Die korrekte Sicherungsposition ist 1 m seitlich der Falllinie und höchstens 1 m weg von der Wand. Nur so wird der Sichernde nicht von Steinen getroffen, im Sturzfall nicht umgerissen und prallt nicht mit dem Stürzenden oder der Wand zusammen. Um das Worst-Case-Szenario, einen Grounder (Bodensturz) des Kletternden, zu vermeiden, sollte beim Sichern knapp über dem Boden kein Schlappseil gelassen werden, weder im Toprope noch im Vorstieg. Unter Einziehen versteht man das Straffen des Seils zum Kletterer, sodass dieser gut gesichert klettert. Dies bedeutet aber nicht, dass das Seil wirklich gespannt sein soll. Der Kletternde darf keinen Ruck nach oben spüren, da sonst das Gleichgewicht gestört wird.

Tipp: Lernen Sie das Handling mit jedem Sicherungsgerät neu und trainieren Sie schnelles Seilausgeben! Beim Seilausgeben gehen Sie zur Wand hin und beim Seileinziehen von der Wand weg. So sind Sie schneller und flexibler.

HMS

Die klassische HMS (Halbmastwurfsicherung) wird im Anfängerbereich und auf alpinen Routen angewendet. Es müssen folgende Punkte beachtet werden:

▷   Da bei Schraubkarabinern das Seil die Gewindehülse aufdrehen kann und daher ständige Kontrolle erfordert, verwendet man besser einen Safelock-Karabiner mit Drahtfixierung oder einen Belay-Master (☞ Karabiner, S. 23).

▷   Bei Rechtshändern gehört die Karabineröffnung nach links (gegenüber Bremshand).

▷   Die Bedienung erfolgt mit gegenläufig parallelen Seilen. Die Bremshand ist oben, weil dann ist die Bremswirkung am größten ist und sich keine Krangel bilden.

▷   Das Seil wird stets mit der ganzen Hand umschlossen. Halten Sie niemals das Seil nur mit zwei Fingern (Pinzettengriff)!

Zum Seilausgeben zieht die Führungshand das Seil aus dem Karabiner, während die Bremshand das Seil in den Karabiner schiebt. Dann lockert man die Bremshand leicht, schiebt sie am Seil nach oben („tunneln") und

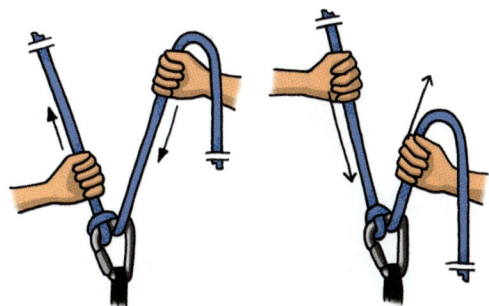

Abb. 32a: Seil ausgeben

greift wieder fest zu, sodass mit der Führungshand noch mehr Seil herausgezogen werden kann. Dieses Tunneln erfolgt mit geschlossener Verbindung von Daumen und Zeigefinger.

Beim Seileinziehen bewegt die Führungshand das lockere Seil in den Karabiner, während die Bremshand das Seil nach oben zieht. Sobald die Führungshand den Karabiner berührt, umfasst sie beide Seile, sodass die Bremshand nach unten tunneln kann. Eine Alternative ist Umgreifen, d.h., die Führungshand wechselt an das Bremsseil und die Bremshand greift das Bremsseil direkt oberhalb des Karabiners. Dann wechselt die Führungshand wieder ans Führungsseil.

Abb. 32b: Seil einnehmen mit Tunneln (o.)

Abb. 32c: Seil ablassen mit HMS (u.)

Beim Ablassen umgreifen beide Hände das Bremsseil und lassen es gegenläufig parallel durch den Karabiner rutschen. Alternativ kann die Führungshand beide Seile umfassen, während man das Bremsseil langsam und kontrolliert durch die Hand gleiten lässt.

Umgreifen am Bremsseil ist möglich, aber nur ruckartig. Bei geneigten oder senkrechten Wänden lehnt sich der abzulassende Kletterer nach hinten und läuft mit den Füßen an der Wand herab.

Achter

Die Achtersicherung hat relativ niedrige Bremskräfte und kann daher nur
Experten zum extrem weichen Sichern empfohlen werden. Folgende Aspekte
sind zu beachten:

▷   Das Bremsseil gehört stets nach unten.

▷   Der Achter muss am Karabiner fixiert werden (☞ Abseilen, Rückzug
und Ablassen, S. 119), um ein Querstellen des Karabiners und Durchstanzen der Hülse zu verhindern.

▷   Der Achter sollte quer stehen, d.h., der Karabiner wird nicht im Anseilring, sondern in Beinschlaufensteg und Bauchgurtöse (☞ Abb. 2,
S. 17) mit Verschluss nach unten eingehängt. In dieser Position soll
das Seil unten aus dem Achter herauskommen.

Beim Seilausgeben lockert man die Bremshand etwas und zieht mit der
Führungshand Seil heraus, ggf. schiebt man mit der Bremshand etwas Seil
nach. Das Ablassen funktioniert wie bei der HMS. Um Seil einzunehmen,
heben Sie die Bremshand kurz etwas an und schieben mit der Führungshand
Seil in den Achter, welches Sie mit der Bremshand herausziehen. Dann gehen
Sie mit der Bremshand sofort wieder nach unten. Schließlich tunneln Sie mit
der Bremshand nach oben.

Tipp: Die Achtersicherung ist ideal, um als Erwachsener Kinder im Toprope
zu sichern.

Tube

Mit Tubes kann abgeseilt und sehr gut weich gesichert werden. Moderne Tubes
haben V-förmige Schlitze oder eine Riffelung zur Verstärkung der Bremskraft.
In den kritischen Phasen beim Seilausgeben bzw. -einziehen ist man jedoch bei
Unkonzentriertheit des Sicherungspartners nicht gesichert. Dies kann bis zu
10 % der Kletterzeit betreffen. Es müssen folgende Punkte beachtet werden:

▷   Am besten keine Verwendung von Seilen unter 10 mm!

▷   Nicht in beide Sicherungsringe des Gurtes (Bauchgurtöse und Beinschlaufensteg) einhängen, da sich das Tube sonst querstellt und das
Seil im Sturzfall aus der Rille herausshüpfen kann. Das Einhängen
erfolgt nur in die Anseilschlaufe.

▷   Für hohe Bremskraft wird ein zweiter Karabiner eingehängt.

▷   In der kritischen Phase dürfen Führungs- und Bremsseil nie parallel durch das Gerät laufen, da die Bremswirkung dann gleich null ist. Erlaubt ist höchstens ein Winkel von 45°. Die Bremshand muss nach dem Seilausgeben bzw. -einziehen sofort wieder ganz nach unten gehen. Achtung: Dieser Reflex muss antrainiert werden!

▷   Bremshand nicht zu hoch halten, da man sich Haut oder Finger einklemmen kann.

▷   Am Fels empfiehlt sich aufgrund des Risikos weiterer Stürze die Verwendung von Sicherungshandschuhen (Bremshandschuhe).

Abb. 33: Grundposition beim Tube (© Black Diamond)

In der Grundposition ist die Bremshand am Oberschenkel. Braucht der Vorsteiger Seil, stehen sofort 0,5 m zur Verfügung. Dazu wird die Bremshand etwas nach oben gehalten und das Seil gleichzeitig mit Führungs- und Bremshand durch das Gerät gezogen. Benötigt der Kletterer mehr Seil, wird der Griff mit der Bremshand ums Seil etwas gelockert (tunneln) und mit der Führungshand Seil herausgezogen. Danach wird das Seil mit der Bremshand sofort fest umschlossen und schnell wieder in Grundposition gebracht.

Beim Seileinziehen schiebt die Führungshand das lockere Seil in das Tube und die Bremshand zieht es mit möglichst großem Seilwinkel aus dem Tube heraus (kritische Phase). Sobald ca. 0,5 m eingezogen sind, geht die Bremshand mit gespanntem Seil sofort nach unten, um die volle Bremswirkung wieder herzustellen. Um die Bremshand nun höher zu bekommen, wird mit der Führungshand ebenfalls das Bremsseil umfasst, sodass sie Bremshand höher greifen kann (umgreifen).

Beim Ablassen umfassen beide Hände das Seil unterhalb des Tubes. Dann lässt man das Bremsseil langsam und kontrolliert durch die Hände gleiten.

Smart

Das Smart ist leicht, hat keine beweglichen Teile und arbeitet wie ein Tube, blockiert jedoch selbstständig. Folgende Punkte müssen beachtet werden:

▷   Das Seil kann langsam durchlaufen, wenn das Bremsseil komplett entlastet wird. In diesem Fall drückt man das Gerät nach unten, um das Seil stärker einzuklemmen.

▷   Beim Ablassen ruckelt das Gerät nicht, wenn man es horizontal vom Körper wegdrückt.

▷   Der rote Schnabel liegt in der Hand am Daumen an, sodass die Hand stets das Bremsseil festhält.

Beim Seilausgeben wird der Schnabel etwas nach oben gehalten. Genügt dies nicht, kann er horizontal vom Körper weg gedrückt werden. Seileinziehen funktioniert wie beim Tube, alternativ mit Hochtunneln. Zum Ablassen ist eine Hand am Schnabel, die andere weiter unten. Der Schnabel

Abb. 34: Grundposition beim Smart (kk)

wird leicht nach oben gedrückt, sodass dosiert Seil durchlaufen kann. Drückt man noch höher, springt das Smart ruckartig in den Tube-Modus.

Click Up

Das Click Up blockiert bei einer Sturzbelastung mit einem lauten Klick-Geräusch statisch. Folgende Aspekte müssen beachtet werden:

▷   Es dürfen nur Seile zwischen 9,0 und 10,5 mm verwendet werden.

▷   Das Click Up muss unbedingt mit einem passenden Karabiner verwendet werden.

▷   Erst wenn man ruckartigen Zug oder Gegenzug mit der Bremshand ausübt, wird der Karabiner über den Vorsprung des Langlochs gezogen und das Seil blockiert.

▷　Zur Überprüfung der Blockierung muss beim Partnercheck ruckartig am Seil gezogen werden und das Klick-Geräusch zu hören sein. Eine visuelle Überprüfung reicht nicht!

▷　Bei falsch eingelegtem Seil funktioniert das Gerät wie ein Tube mit geringer Reibung.

▷　Das Bremsseil muss immer nach unten festgehalten werden, da der Klickmechanismus sonst nicht funktioniert.

▷　Bei zu hastigem Seilausgeben kann das Gerät blockieren.

Seilaus- und -eingeben funktionieren wie beim Tube. Zum Ablassen kann das Gerät leicht nach oben gekippt werden, während die andere Hand Seil eingibt. Hierdurch wird die Blockierung gelöst und die Bremswirkung verringert. Die Ablassgeschwindigkeit variiert mit der Kippneigung.

Abb. 35: Grundposition beim Click Up (© Climbing Technology)

Grigri

Das Grigri ist ein halbautomatisches Sicherungsgerät. Der Sichernde löst beim Sturz durch Festhalten des Bremsseils die Blockierung aus. Da das Grigri ruckartig blockiert, ist die Sicherung statisch. Dynamik wird durch Hochspringen des Sichernden erreicht. Folgende Punkte müssen beachtet werden:

▷　Es dürfen nur Seile zwischen 8,9 und 11 mm verwendet werden.

▷　Bei dünneren Seilen, imprägnierten Seilen oder bei geringem Zug (z.B. Hineinsetzen an einer Exe) blockiert das Grigri nicht.

▷　Das Grigri darf nicht zur Fixpunktsicherung (☞ Sichern des Vorsteigers vom Standplatz aus, S. 114) verwendet werden.

▷　Das Seil muss richtig herum eingelegt und der Karabiner durch beide Ösen eingehängt werden. Zur Überprüfung der Blockierung muss beim Partnercheck ruckartig am Seil gezogen werden.

▷   Die korrekte Bedienung widerspricht den Greifreflexen, welche daher umtrainiert werden müssen. Der Hebel darf nicht reflexartig festgehalten, nicht voll durchgezogen und nur zum Ablassen angefasst werden.

▷   Im Sturzfall beim Seilausgeben darf das Führungsseil nicht festgehalten werden.

▷   Sind viele Sicherungen mit hoher Reibung eingehängt, bleibt der notwendige Ruck beim Sturz aus und das Grigri blockiert nicht. Daher ist auf einen geraden Seilverlauf zu achten und die Bremshand immer am Bremsseil zu halten.

▷   Falsch ist es, die Blockierung mit dem Daumen zu lösen, weil man dann bei einem Sturz das Gerät reflexartig festhält. Es blockiert aber nur, wenn der Bremsmechanismus durch das Bremsseil aktiviert wird. Auch deshalb muss die Bremshand stets ans Bremsseil.

▷   Selbst wenn der Kletternde im Seil sitzt, darf das Bremsseil nicht losgelassen werden. Es kann jedoch zwischen Hebel und Metall eingeklemmt werden.

▷   Achtung: Bei Kindern reicht der Ruck zum Blockieren oft nicht aus.

Zum Ausgeben mit der Gaswerkmethode umfassen Sie das Bremsseil mit drei Fingern und lassen es über die Ablasskante laufen. Legen Sie den Zeigefinger unter diesen Metallfalz und drücken Sie mit dem Daumen leicht auf den Blockiermechanismus (Reibnocken). Nun können Sie mit der Führungshand Seil nach oben aus dem Gerät herauszuziehen, während das Bremsseil durch die drei Finger gleitet. Bei einem Sturz umschließt man mit allen Fingern das Bremsseil, sodass die Blockierung ausgelöst wird.

Abb. 36:
Grundposition beim Grigri (kk)

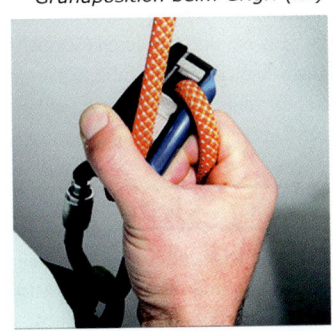

Beim Seileinziehen geben Sie mit der Führungshand Seil in das Gerät und ziehen es gleichzeitig mit der Bremshand nach oben aus dem Gerät heraus. Dabei bilden Daumen und Zeigefinger der Bremshand immer eine feste Verbindung. Dann wird am Bremsseil zum Gerät zurückgetunnelt und das Seil dort fixiert. Nun tunnelt die Führungshand nach oben in die Ausgangsposition.

Zum Ablassen wird das Bremsseil über die Ablasskante geführt. Um die Blockierung aufzuheben, zieht man den Ablasshebel etwas auf, sodass das Seil gebremst durchläuft. Geben Sie nun mit der Bremshand kontrolliert Seil ein, wobei die Bremsstufe mit dem Hebel dosiert wird. Wird das Ablassen zu schnell, muss der Hebel sofort losgelassen werden!

Tipp: Einsteiger können beim Topropen etwa alle 4 m einen Sackstich ins Bremsseil knüpfen, um ein Durchrauschen zu verhindern. Die Vorstiegssicherung sollte nur mit fachmännischem Trainer erlernt werden. Die einzig korrekte Technik, um sicher und schnell Seil auszugeben, ist die Gaswerkmethode. Lassen Sie sich diese von einem Trainer zeigen!

Weitere Halbautomaten

Andere Halbautomaten mit verschiedenster Technik wie Zapomat, Eddy, Sum oder Cinch kommen wegen gewöhnungsbedürftigem Handling nicht an die bereits vorgestellten Geräte heran. Sie sind zwar bei korrekter Bedienung mit Hand am Bremsseil sicher, erfordern aber eine intensive Schulung.

Tipp: Das Click Up (in einer Variante für Doppelseile erhältlich), das Smart für Einfachseile und das Grigri für Experten sind derzeit die am besten zu bedienenden Geräte. Üben Sie die Handhabung der Sicherungsgeräte vorher intensiv ein und trainieren Sie auch das Halten von Stürzen. Ein Wechsel von HMS-Sicherung auf Tube, Smart oder Click Up kann kritische Situationen hervorrufen, da die Bremshand bei der HMS-Sicherung oben, bei den anderen Geräten aber unten sein muss.

Topropeklettern

Beim Topropeklettern wird das Seil am Ende einer Route in eine Umlenkung eingehängt und der Kletternde wird vom Boden aus gesichert. Der Sichernde muss fortwährend Seil einziehen, während der Partner nach oben klettert.

Der Kletternde kann sich jederzeit ohne Sturz in das Seil setzen und ausruhen oder vom Sichernden abgelassen werden.

Dieser Begehungsstil mit Seilsicherung von oben ist angebracht, wenn man der Route im Vorstieg nicht gewachsen ist. Eine Topsight-Begehung, also ein „Onsight" (Durchstieg im ersten Versuch) im Toprope, ist kein anerkannter Begehungsstil.

Der Nachstieg mit Aushängen der Exen (☞ Sicherungstechnik in Mehrseillängen-Routen, S. 100) ist als Toprope zu werten, sofern die Sicherungskette nicht belastet wurde. Die sportliche Wertigkeit solcher Begehungen ist umstritten. Erstens kann so keine Erstbegehung durchgeführt werden und zweitens sind die klettertechnischen, klettertaktischen und auch die psychischen Anforderungen weit geringer. Bei ständiger Belastung der Sicherungskette gilt: „Sporthängen" ist nicht Sportklettern!

Für Kletteranfänger ist Topropen jedoch geradezu ideal. Der Sichernde muss sich noch nicht mit den notwendigen Techniken des Vorstiegsicherns auseinandersetzen und der Kletterer kann spielerisch und quasi ohne Risiko erste Erfahrungen mit der Höhe, den Klettertechniken und seiner Kraft und Ausdauer machen. Das dabei Gelernte bildet die Grundlage für das spätere Erlernen des Vorstiegs.

Anwendungen des Topropes für Fortgeschrittene sind Ausdauertraining, Speedtraining, Blindklettern, das Einstudieren neuer Techniken und insbesondere das Auschecken von Routen. Dies funktioniert in starken Überhängen aber nur noch begrenzt.

Umlenker bestehen aus einem sicheren Fixpunkt am Ende einer Route und sind idealerweise mit einem Umlenkkarabiner versehen, um einen Kletterer abzulassen oder toprope zu sichern. Ein Sauschwanz bzw. Schweineohr ist ein kringelförmiger Umlenker, in den das Seil einfach eingelegt werden kann (☞ Abb. 37a, S. 78). Eine Abwandlung ist das Widderhorn.

Topropeumlenkungen werden mit Kräften zwischen 2,2 bis 3,3 kN belastet (Larcher, 2006). Dies ist in gut eingerichteten Sportkletterrouten und in der Halle kein Problem. Allerdings ist der Umlenker oft die einzige Sicherung und ein Versagen führt zum Bodensturz. Vorsicht ist bei belassenen, alten Karabinern geboten: Der Schnapper muss geschlossen sein! Vielerorts haben Ausstiegsverbote die Installation von sicheren Umlenkern vorangetrieben.

Um ein Seil in den Umlenker einer Route einzuhängen, kann diese im Vorstieg hochgeklettert werden. Danach wird der Vorsteiger abgelassen und das Seil verbleibt in der Umlenkung. Alternativ kann eine leichte benachbarte Route geklettert und das Seil von der dortigen Umlenkung aus eingehängt werden.

In einigen Kletterhallen gibt es extra eingehängte Topropeseile. In Klettergärten kann ein Toprope von oben her eingehängt und mit dem Warnruf „Achtung Seil" zum Wandfuß geworfen werden.

Das verwendete Seil muss lang genug sein. Die Angaben zur Routenlänge in Kletterführern stimmen nicht immer, daher wird das freie Seilende immer mit einem Sicherungsknoten, z.B. dem gelegten Achterknoten, versehen (Seilendknoten) oder fixiert (Seil-

Abb. 37a:
Sauschwanz (kk)

endfixierung z.B. am Seilsack), sodass das Seilende in der Sicherung nicht durchrutschen kann. Geeignet sind nur Routen mit maximal halber Seillänge.

Beim Einrichten der Umlenkung zum Topropeklettern sind folgende Punkte zu beachten:

▷   Wird eine Umlenkung in absturzgefährdetem Gelände eingerichtet, so sichert man sich zuvor mit einer Standschlinge durch Ankerstich in der Anseilschlaufe und einem Verschlusskarabiner an einem weiter hinten liegenden, sicheren Fixpunkt.

▷   Der Umlenkpunkt muss absolut sicher sein. Wegen der Möglichkeit des Bohrhakenversagens müssen zwei mit einer Kette verbundene Bohrhaken vorhanden sein. Einzelne Haken sind nicht geeignet. Ausnahmen sind geklebte Bühlerhaken, Standhaken, Abseilringe und Sauschwänze. Haken, die nicht industriell gefertigt wurden, ist niemals zu vertrauen! An Sanduhren, Normalhaken (besonders an Rostgurken) oder mobilen Sicherungsmitteln sollte man niemals topropen, denn deren Qualität ist schwer zu beurteilen und meist unzureichend.

▷ Nie an einem einzelnen Schraub- oder Schnappkarabiner topropen. Derartige Umlenker müssen mit einem Safe-Lock-Karabiner zusätzlich abgesichert werden. Sicher sind zwei gegenläufige Schnapper, zwei gegenläufig eingehängte Expressschlingen oder zwei einzelne Karabiner in Reihenschaltung.

▷ Sofern kein Umlenkkarabiner vorhanden ist, darf zur Hakenschonung nicht direkt im Haken (wird eingeschliffen!) getopropt werden. Es muss ein Safe-Lock-Karabiner eingehängt werden.

▷ Sind zwei Haken nicht mit einer Kette verbunden, baut man eine Reihenschaltung oder eine Ausgleichsverankerung (☞ Standplatzbau und Partnersicherung, S. 108).

▷ Soll an unsicheren Fixpunkten getopropt werden, müssen mindestens drei Punkte verbunden werden. Als Umlenkpunkt kann z.B. der Ast einer Latschenkiefer (kleinwüchsige Bergkiefer) durch ein Back-up an einem Felskopf redundant hintersichert werden.

▷ Befinden sich ein dicker, gut verwurzelter Baum oder ein Umlenkhaken auf dem Felskopf, muss der Fixpunkt mit Bandschlingen mittels Ankerstichen in die Wand verlängert werden, da sonst das Seil an der Felskante reibt. Der Ankerstich verhindert ein Verrutschen am Stamm. Bei dünneren Bäumen sollte die

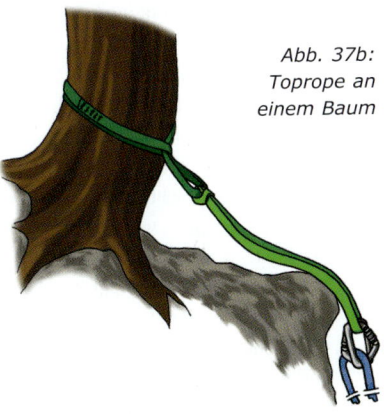

*Abb. 37b:
Toprope an
einem Baum*

Umlenkung möglichst in Wurzelnähe angebracht werden. Um die Rinde und den Seilmantel zu schonen, sollte das Seil nicht direkt um den Baum gelegt werden.

▷ Das Seil darf nie über oder gar durch eine Bandschlinge, eine Reepschnur oder ein Seilstück laufen. Dies führt durch die Reibungswärme beim Ablassen zu Schmelzverbrennung und Absturz.

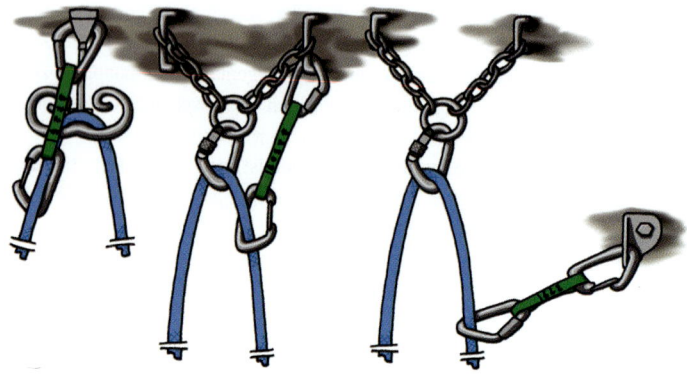

Abb. 37c: Hintersicherung an einer Umlenkung

▷   In eine Umlenkung dürfen nicht mehrere Topropeseile eingehängt werden, sonst droht auch hier Schmelzverbrennung.

▷   Umlenkkarabiner können sowohl in der Halle als auch am Fels vorgeschädigt sein. Zum Topropen ist die Bruchkraft von eingeschliffenen Karabinern noch ausreichend, wenn diese nicht mehr als 50 Prozent eingeschliffen sind. Allerdings kann es durch scharfe Kanten sogar zum Seilriss kommen (Schubert, 2002).

▷   Das Seil darf nicht hinter eine Umlenkerkette durchgefädelt werden, da beim Versagen von einem der beiden Haken keine Sicherung mehr besteht.

▷   Umlenkpunkte ohne zusätzliche Absicherung, z.B. Sauschwänze, dürfen nicht überklettert werden, da sich im Sturzfall das Seil selbsttätig aushängen kann. In den letzten Haken unterhalb des Umlenkers oder in den zweiten Haken der Umlenkkette wird zur Redundanz eine Expresse eingehängt und in das Seil geklippt.

▷   Lose Steine im Bereich der Umlenkung sollten entfernt werden. Ist das nicht möglich, sollte auf das Topropen verzichtet oder wenigstens ein Helm getragen werden.

▷   Sicherungsautomaten und TopStop-Seilbremsen an der Umlenkung, bei welchen man das Seil nur mit den bloßen Händen hält, sollten nicht benutzt werden, da man richtiges Sichern so nicht erlernen kann.

▷   Es darf am Umlenker keine Seilrolle (Pulley) verwendet werden, denn
die Reibung, welche durch die Seilrolle wegfällt, muss im Sicherungsgerät kompensiert werden.

Beim Topropeklettern sollte immer mit einem Knoten direkt ins Seil eingebunden werden. Das Seil muss an der Anseilschlaufe fixiert sein, nicht an
einer Materialschlaufe. Soll ausnahmsweise mit Karabiner angeseilt werden,
müssen zwei Karabiner gegenläufig verwendet werden, am besten Safe-Lock-
Karabiner.

Zwischen Kletterer und Sicherungspartner gibt es beim Toprope nur zwei
Kommandos: „Zu" und „Ab". Die vom Sichernden verwendete Sicherungstechnik (☞ Bedienung der Sicherungsgeräte, S. 68) muss natürlich auch
beim Topropeklettern korrekt angewendet werden. Um Bodenstürze zu verhindern, darf mit der Bremshand zu keinem Zeitpunkt das Bremsseil losgelassen werden. Der fälschliche Griff ins Sicherungsseil führt zu schweren
Hautverbrennungen an den Händen.

Schlappseil (Slack) soll besonders in Bodennähe vermieden werden, da es
sonst durch die Seildehnung (☞ Theoretische Grundlagen, S. 54) zu fast
ungebremsten Bodenstürzen kommt. Daher ist auf den ersten 3 m und in der
Nähe von großen Felsbändern das Seil besonders straff zu halten. Dies gilt
umso mehr, je länger die Route ist! Eventuell kann ein Crashpad hilfreich sein.

Sichert man mit zwei verbundenen Halbseilen nach dem Abseilvorgang
des Vorsteigers (☞ Abseilen, Rückzug und Ablassen, S. 119) eine sehr
lange Route im Toprope, so kommt der Seilverbindungsknoten auf der Seite
des Sichernden unten an, sobald der Kletternde die Umlenkung erreicht hat.
Bei so langen Seilen ist es kein Wunder, wenn man im Sturzfall einige Meter
tiefer hängt!

In Quergängen und Überhängen sind einzelne Zwischensicherungen in
das Topropeseil einzuhängen, sodass der Kletterer nicht seitlich oder nach
hinten wegpendeln kann. Werden allerdings sämtliche Zwischensicherungen
eingehängt, muss der Kletterer diese wie im Nachstieg mühsam aushängen.
Bei dieser Praxis kann es zum Blackout kommen, wenn automatisch auch die
letzte Sicherung, in diesem Fall die Umlenkung, ausgehängt wird. Um das zu
vermeiden, muss die Umlenkung redundant abgesichert sein. Am besten
hängt der Vorsteiger beim Ablassen unnötige Exen aus und belässt diese nur

an strategischen Stellen. Der Nachsteiger hängt diese beim Klettern aus und beim Ablassen wieder ein. Sollte einmal direkt an der Umlenkung keine Redundanz gegeben sein, hängt der Topropekletterer die letzte Exe unterhalb des Umlenkers in das gegenläufige Partieseil, welches zum Sichernden führt.

Tipp: Ist die Route gerade, relativ kurz und nicht überhängend, sollte der Topropekletterer am anderen Seilende klettern, sodass er keine Zwischensicherungen aushängen muss. Dann muss auch das Seil nicht durchgezogen werden. Bei Steinschlag ist es in der Regel besser, zur Wand hin zu laufen, da die meisten Steine am Fels anprallen und dann weiter außen landen.

Schließlich muss der Kletternde vom Sichernden langsam, gleichmäßig und kontrolliert abgelassen werden. Wird zu schnell oder unachtsam abgelassen, kann der Kletterer auf Fels, einen anderen Kletterer oder auf den Boden prallen.

Tipp: Beim Topropeklettern sollte der Kletternde maximal die Hälfte mehr wiegen als der Sichernde, sonst benötigt der Sichernde eine Selbstsicherung (☞ Dynamisches Sichern und Seil geben, S. 84). Topropeklettern verschleißt das Seil durch die ständige Walkung im Umlenkpunkt etwa zehnmal so schnell wie Vorstiegsklettern (Müller, 1995).

Vorstiegsklettern

Im Gegensatz zum Toprope ist man beim Vorstiegsklettern nicht von oben gesichert, sondern steigt von unten ein und verringert die Sturzhöhe, indem man das Seil nach und nach durch Expressen mit den Haken verbindet. Der Vorsteiger wird von seinem Partner von unten gesichert. Richtig klettern heißt vorsteigen, denn alle Begehungen von sportlicher Bedeutung erfolgen im Vorstieg.

In manchen Routen gibt es nur wenige oder schlechte Haken, sodass beim Vorsteigen die psychischen Anforderungen durch die Möglichkeit größerer Stürze höher sind. Daher sollten Sie sich vorher im Klaren sein, ob Sie diesen Anforderungen gewachsen sind. Die Grundfragen sind:

▷   Beherrsche ich den Schwierigkeitsgrad?

▷   Ist die Route komplett eingebohrt?

▷   Wie ist die Anzahl und Qualität der Zwischensicherungen? Gibt es große Abstände?

▷   Wie viele Expressen werden benötigt?

▷   Erlaubt die Absicherung einen Sturz?

▷   Sollte ein Helm getragen werden?

▷   Welches zusätzliche Material (z.B. Klemmkeile, Cams, Bandschlingen) wird benötigt?

▷   Wie ist der Routenverlauf?

▷   Ist das Seil lang genug?

▷   Werden an der Umlenkung ein Schraubkarabiner bzw. zwei Expressen benötigt?

▷   Ist der Sichernde erfahren genug?

Stürze im Vorstieg sind gefährlich, wenn noch keine Zwischensicherung eingehängt ist, es also zu einem Grounder kommen kann. Deshalb sollte vor dem ersten Haken wie beim Bouldern gespottet werden, um den Oberkörper des Kletternden im Sturzfall abfangen zu können. Bis zum dritten Haken (in der Halle bis zum fünften Haken) ist erhöhte Wachsamkeit wegen möglicher Grounder angebracht.

Damit der Kletternde die Haken leicht einhängen kann, muss der Sichernde sehr schnell Seil ausgeben, aber nur so viel, dass keine großen Stürze möglich sind. Das

Gut gesichert sind Stürze im Vorstieg kein Problem (© Climbing Technology)

schnelle Seilausgeben ist das Qualitätsmerkmal eines guten Sicherungspartners. Dies trifft auch auf das In-die-Knie-Gehen (engagierter Körpereinsatz!)

beim Ausbouldern zu, wenn der Kletternde sich ins Seil setzen und nicht durch die Seildehnung ein Stockwerk weiter unten landen möchte. An der Umlenkung wollen die meisten Kletterer zudem einen Seilzug von unten verspüren.

Tipp: Ist der erste Haken zu tief gesetzt, d.h. knapp über dem Boden, kann es etwas bringen, diesen mit einem Einzelkarabiner (Verschlusskarabiner) zu klippen, sodass die Sturzstrecke geringer ist, da die zusätzliche Länge der Exe vermieden wird.

In leichtem, gestuftem Gelände ist stürzen „verboten", da man an die Wand schlagen und sich üble Verletzungen zuziehen kann. Die Sturztiefe setzt sich aus der Seildehnung, dem ausgegebenen Schlappseil und dem doppelten Abstand vom letzten Haken bis zur Sturzstelle zusammen! Am harmlosesten sind Stürze im Vorstieg in starken Überhängen. Da schwere Routen meist überhängend und sehr gut abgesichert sind, ist das Klettern in den hohen Schwierigkeitsgraden tendenziell sicherer.

Ein abgebrochener Vorstieg sollte nur am Vorsteigerseil fortgesetzt oder am besten von unten neu begonnen werden. Beim Topropen am Nachsteigerseil muss die vorletzte Exe (vor der letzten eingehängten Zwischensicherung) in das zum Sicherungspartner laufende Seil umgehängt werden (!), sodass man zu keinem Zeitpunkt an nur einer Exe gesichert ist.

In ungenügend eingebohrten Routen muss man sich die Frage stellen, ob man mobile Sicherungsmittel aus der Kletterstellung anbringen kann (☞ Zwischensicherungen, S. 102) oder ob man diese lieber beim Abseilen über die Route anbringt.

Tipp: Besonders Ängstliche können einen ersten Vorstieg unter zusätzlicher Seilsicherung von oben durchführen. Achten Sie auf den Seilendknoten!

Dynamisches Sichern und Seilgeben

Einen Vorstiegssturz hart abzufangen (passive Körpersicherung) ist dann angebracht, wenn der Kletternde auf den Boden oder ein Band schlagen könnte. Sichert man hart, wird kein Schlappseil gegeben und der Sturz durch

Wegtreten von der Wand verkürzt. Die Belastung am Umlenkpunkt und auf den Kletterer erhöht sich allerdings um bis zu 50 %. Bei einer statischen Fixpunktsicherung (☞ Sichern des Vorsteigers vom Standplatz aus, S. 114) ist hart sichern schwierig, da man kaum noch Seil einziehen kann.

In allen anderen Fällen ist dynamisch bzw. weich zu sichern. Weich und mit Schlappseil zu sichern ist dann erforderlich, wenn der Kletternde z.B. aus einem Dach heraus an eine andere Dachkante weiter unten prallen könnte.

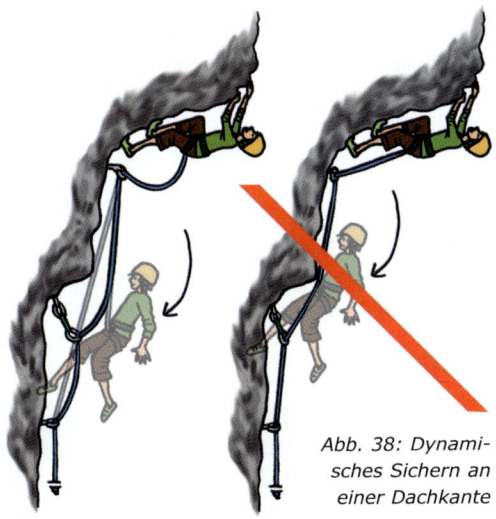

Bei der Körpersicherung ist das in der Regel einfach,

Abb. 38: Dynamisches Sichern an einer Dachkante

da der Sichernde beim Sturz normalerweise leicht hochgezogen wird. Ist der Sichernde erheblich schwerer als der Kletternde, sollte der Sichernde leicht Schlappseil geben und im Moment des Fangstoßes etwas Seil durch das Sicherungsgerät laufen lassen, ohne dabei das Seil durch die Bremshand rutschen zu lassen. Dadurch wird die Sturzenergie in Reibungswärme umgewandelt, wodurch der Fangstoß auf ein Drittel verringert werden kann (Müller, 1995). Dies funktioniert auch bei der Fixpunktsicherung einigermaßen, jedoch nicht mit rein statischen Halbautomaten.

Ist der Sichernde bis zu 15 kg schwerer als der Kletternde, so wird aus gebeugten Knien heraus der Stoß aktiv durch Abfedern verkleinert (aktive Körpersicherung). So wird auch die Belastung auf den Umlenkpunkt um bis zu ein Drittel reduziert.

Ist der Sichernde bis zu 10 kg leichter, werden Stürze optimal weich abgefangen, wobei der Sichernde etwas vom Boden abhebt.

Ist der Sichernde noch leichter, so ist der Gewichtsunterschied zu groß und eine Selbstsicherung schräg nach hinten von der Wand weg erforderlich. Dies sollte mit einer Bandschlinge und einem Verschlusskarabiner so erfolgen, dass es den Sichernden zuerst hochzieht, bevor er ohne Anprall in der Luft hängen bleibt. Alternativ kann sich der Sichernde mit einem Sandsack beschweren. Eine Selbstsicherung ist auch bei Kollisions- oder Absturzgefahr erforderlich. Verletzungsgefahr durch Anprall kann durch eine korrekte Standortwahl, z.B. nicht unterhalb einer niedrigen Dachkante, vermieden werden.

Tipp: Damit der Sichernde möglichst nah und etwas seitlich an der Wand steht (☞ Bedienung der Sicherungsgeräte, S. 68), kann in der Halle die erste Exe der Nachbarroute mitgeklippt werden.

Seilführung

Im Vorstieg ist die Seilführung sehr wichtig. Die Beine sollten nicht zwischen Seil und Wand gestellt werden, da man sich sonst bei

Abb. 39: Falsche und korrekte Seilführung

einem Sturz im Seil verfängt, nach hinten überschlägt und plötzlich mit dem Kopf nach unten hängt. Dies ist die Hauptursache für schwere Verletzungen beim Klettern. Daher sollte das Seil beim seitlichen oder schrägen Klettern über den Oberschenkel oder den Fußrist laufen. Klettert man direkt über dem Haken, ist das Seil zwischen den Beinen.

Liegen Sicherungspunkte deutlich außerhalb der Sicherungskette, läuft das Seil stark im Zick-Zack oder um Ecken und Kanten, ist eine Verlängerung mit zwei Exen in Reihe oder Exe-Bandschlinge-Exe sinnvoll, um die Sicherungslinie zu begradigen und den Seilzug im Vorstieg gering zu halten. Eine Verlängerung mit Bandschlinge direkt mit Ankerstich in den Haken ist möglich, verringert aber die Bruchfestigkeit. Achtung, die mögliche Sturzhöhe wird durch Verlängern etwas erhöht!

Abb. 40: Zick-zack (falsche) und korrekte Seilführung, Hakenverlängerung mit Bandschlinge im Dachwinkel und am Haken oberhalb der Dachkante

Tipp: Nützt das verlängerte Einhängen nichts, kann es sinnvoll sein, etwas abzuklettern und die vorletzte Expresse wieder auszuhängen oder gleich einen Zwischenstand (Stand vor dem eigentlichen Standplatz) zu bauen (☞ Standplatzbau und Partnersicherung, S. 108)!

Klipptechnik

Mit Klippen bezeichnet man das Einhängen des Seils in eine Expressschlinge und unter Klinken versteht man das Einhängen einer Expresse in einen Bohrhaken. Für beides benötigt man einen mehr oder weniger sicheren Halt, d.h. einen guten Griff, da man sich durchaus auch mal zur Seite oder nach oben strecken muss, sodass die Situation, besonders bei großen Hakenabständen, brenzlig werden kann.

Bei Ringhaken oder horizontalen Ösen von Normalhaken wird die Expressschlinge von hinten her eingehängt, sodass die Schnapperöffnung vom Fels weg zeigt, nicht anliegt und somit nicht durch eine Felsnase aufgedrückt werden kann.

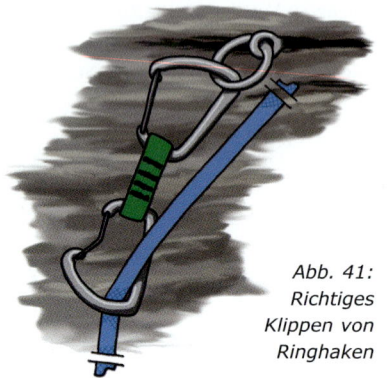

Abb. 41:
Richtiges
Klippen von
Ringhaken

Das Seileinhängen erfolgt grundsätzlich von innen nach außen, d.h., das Seil des Kletterers muss aus der Expressschlinge „herauskommen", andernfalls erhöht sich die Seilreibung und bei einem Sturz wird ein selbstständiges Aushängen des Seils möglich.

Prinzipiell gehören beide Schnapperöffnungen einer Expressschlinge in die Richtung positioniert, in die man nicht klettert. Dies gilt besonders für geklippte Laschen und bei Richtungswechsel, z.B. am Beginn von Querungen. Beim unteren Schnapper wird so ein selbsttätiges doppeltes Einhängen (= Aushängen!) des Seils im Sturzfall verhindert. Beim oberen Schnapper wird ein Umklappen und Aushängen aus dem Haken vermieden. In welcher Richtung die Exe eingehängt wird, hängt also vom Routenverlauf ab.

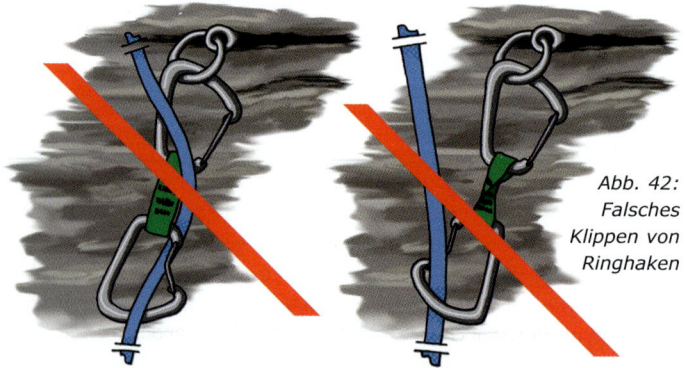

Abb. 42:
Falsches
Klippen von
Ringhaken

Eine Exe kann sich auch bei korrekter Anwendung aushängen, und zwar dann, wenn sich die Exe nach oben dreht, z.B. am Ende eine Quergangs (☞ Quergänge, S. 115), oder wenn sie irgendwo eingeklemmt oder mit

Abb. 43a: Selbsttätiges Ausklinken einer nach oben geklappten Exe nach einem Richtungswechsel

einem Knie nach oben geschoben wird. Am Ende von Querungen gehört daher der Schnapper des oberen Karabiners in Kletterrichtung. Am besten sind an solch strategisch wichtigen Sicherungspunkten zwei gegenläufige Exen oder eine Exe mit Verschlusskarabinern.

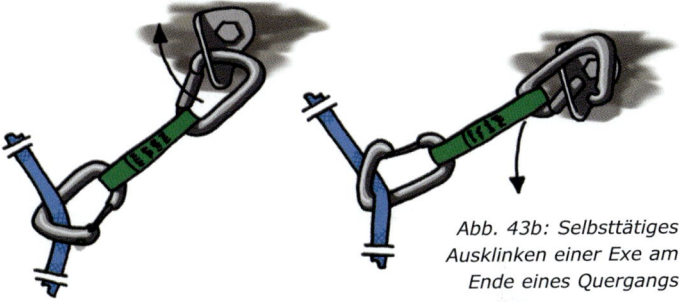

Abb. 43b: Selbsttätiges Ausklinken einer Exe am Ende eines Quergangs

Eine gute und kraftsparende, d.h. schnelle Klipptechnik gehört zu einer guten Klettertechnik dazu. Generell sollte man sich beim Klippen am langen Arm festhalten, um Kraft zu sparen. Um Schulterverletzungen vorzubeugen, muss dabei die Schulter fixiert bleiben, sodass man nicht passiv in den Bändern und Kapselstrukturen des Schultergelenks hängt (Semmel, 2005). Am besten hält man sich an großen Griffen fest. Diese lassen sich meistens schon von weiter unten erkennen. Geklippt wird dann mit der anderen Hand.

„Angstklippen", also das völlig überstreckte Klippen von weit unten, um die nächste Stelle dann quasi toprope machen zu können, ist eine weitverbreitete Unsitte. Erstens kostet das enorm Kraft, da das Seil weit hinaufgezogen werden muss und die Griffe entsprechend lange gehalten werden müssen. Zweitens ist es schlichtweg gefährlich, besonders in Bodennähe. Dann addiert sich im Sturzfall kurz vor dem Klippen das herausgezogene Seil in doppelter Länge mit dem Abstand zur letzten Zwischensicherung und der Seildehnung. Entsprechend tiefe Stürze sind die Folge.

Daher klippt man am besten aus einer stabilen Position heraus auf Hüfthöhe. Dies geht sehr schnell, ohne viel Seil auszuziehen, kostet kaum Kraft und passt hervorragend in einen dynamisch-ökonomischen Kletterstil. Hat man die Möglichkeit, die Füße unter den KSP (Körperschwerpunkt) zu bringen, kann leichter geklippt werden. Ausspreizpositionen oder No-Hand-Rests sind besonders gute Klipppositionen. Hängen Sie generell alle Zwischensicherungen ein. Nur hin und wieder kann es sich beim Durchstieg von Projekten am Fels lohnen, einzelne Exen nicht zu klippen oder vorher zu verlängern und somit Zeit und Kraft zu sparen.

Beim Verlängern mit einer zweiten Exe kann diese direkt in die erste eingehängt werden. Besser ist jedoch folgende, stabilere Verbindung: Man entfernt den oberen Karabiner einer Exe und hängt das freie Ende der Bandschlinge in den unteren Karabiner der oberen Exe.

Tipp: Vermeiden Sie lange Exenketten. Diese erhöhen die Gefahr des selbsttätigen Aushängens.

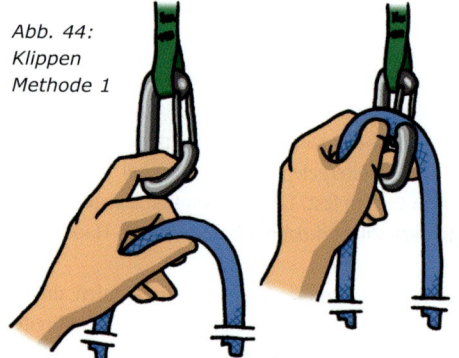

Abb. 44: Klippen Methode 1

Die Klipptechniken müssen mit beiden Händen in beide Schnapperrichtungen im ersten Versuch beherrscht werden. Zeigt die Öffnung des Schnappkarabiners in Richtung Kletterer, so stabilisiert der Mittelfinger den Karabiner, Daumen und Zeigefinger hängen das Seil ein.

Alternativ kann das Seil über den Daumen gelegt werden, der Karabiner mit Daumen und Zeigefinger in die Zange genommen und das Seil mit dem Daumen eingehängt werden (Abb. 45).

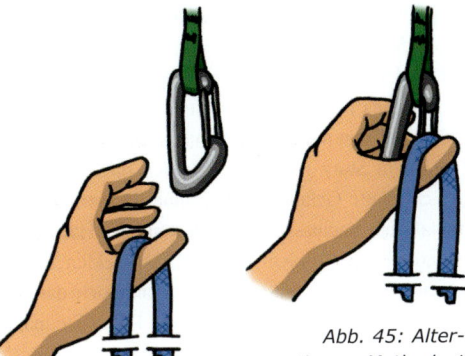

Zeigt die Öffnung des Schnappkarabiners weg vom Kletterer, so kann der Karabiner mit dem Daumen fixiert und das Seil mit Zeige- und Mittelfinger eingehängt werden (Abb. 46).

Abb. 45: Alternative zu Methode 1

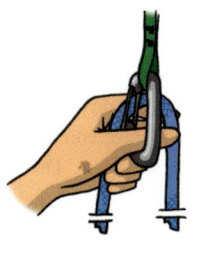

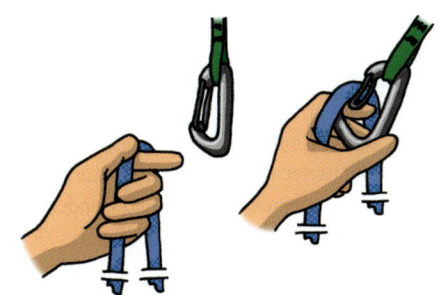

Abb. 46: Klippen Methode 2

Abb. 47: Alternative zu Methode 2 (rechts)

Alternativ kann das Seil über den Zeige- oder Mittelfinger gelegt, der Karabiner mit Daumen und Zeige- oder Mittelfinger in die Zange genommen und das Seil mit dem Zeigefinger eingehängt werden (Abb.47).

Bei den alternativen Methoden sollte das Seil gleich zwischen Daumen und Zeigefinger hochgezogen werden. Ansonsten wird das Seil in der hohlen Hand hochgezogen.

Tipp: Auch bei geringen Hakenabständen gehört immer das zum Gurt führende Seil in die Exe. Verwendet man versehentlich das Seil zwischen den beiden letzten Haken, baut man ein Spinnennetz und blockiert sich selbst.

Das Seil beim Klippen in den Mund zu nehmen, ist gefährlich. Wenn es unbedingt sein muss, dann nehmen Sie das Seil bitte nie zwischen die Zähne. Bei einem Sturz neigt man nämlich dazu, reflexartig zuzubeißen, dadurch besteht akute Gefahr für die Zähne. Besser ist ein Hochziehen und gegebenenfalls ein Nachfassen des Seiles mit der Hand. Wird auf Hüfthöhe geklippt, entfällt dieses Problem komplett. Vermeiden Sie das Stürzen während des Klippvorgangs! In seltenen Fällen kann sich das Seil um die Finger wickeln und einzelne Gliedmaßen abreißen. Fallen Sie mal beim Klippen, sollten Sie sich auf keinen Fall noch festhalten!

Übung: Klippen Sie in einer Route konsequent von einem guten Griff aus auf Hüfthöhe. In einem zweiten Durchgang klippen Sie durch möglichst tiefes Greifen in einem Zug. Nachfassen oder Zuhilfenahme des Mundes ist nicht erlaubt.

Sturztechnik

Jeder Kletterer hat bei einem wackligen Zug oder weit über dem letzten Haken schon einmal Sturzangst erlebt. Meistens ist sie die Folge von ineffizienter Klettertechnik und falscher Sturztechnik oder Höhenangst. Durch diese Faktoren werden Denken und Handeln blockiert sowie eine Panikreaktion ausgelöst. Dies hat zur Folge, dass ein Klettern an der persönlichen Leistungsgrenze unmöglich wird.

Die Angst vor einem Sturz ist zwar biologisch sinnvoll, da sich der Körper natürlicherweise bei Gefahr durch Adrenalinausschüttung, schnellere Atmung, Muskelanspannung, erhöhten Schweißfluss und veränderte Sinneswahrnehmung auf Flucht oder Kampf einstellt. Durch die Angst, sich zu verletzen oder gar abzustürzen, wird jedoch mehr Sauerstoff verbraucht, die Denk- und Muskelleistung reduziert und die Anspannung der Rumpfmuskulatur (Schutzhaltung) führt zu einer geringeren Reichweite der Arme. Daher ist die Angst beim Klettern der größte leistungsbegrenzende Faktor, sie hemmt und beansprucht die ganze Aufmerksamkeit. Schweres Klettern ist nicht mehr möglich, weil man sich nicht auf das Klettern konzentrieren kann. Zusätzlich rutscht man mit schweißnassen Händen leichter ab.

Die Sturzangst kann sich so weit entwickeln, dass jeder Vorstieg (oder ein Vorstieg in einem bestimmten Gelände, z.B. in Überhängen, Dächern, exponierten oder plattigen Passagen) konsequent vermieden wird. Dieses Verstecken im Komfortbereich verhindert die persönliche Entwicklung beim Klettern. In schweren Fällen genügt bereits die Vorstellung einer solchen Situation, um die evolutionäre Angst inklusive aller Symptome real auszulösen. Kletterer, die unter einer solchen Angststörung leiden, müssen sich der Angst bewusst werden, sonst können sie diese niemals überwinden. Nur wer in jedem Gelände am „scharfen Ende" des Seiles klettert, erlernt Nervenstärke und korrekte Selbsteinschätzung!

Wird die Sturzangst nicht abgebaut, führt dies zu einem gehemmten und extrem statischen Kletterstil. Statisch zu klettern kann sehr anstrengend sein, wodurch sich die Sturzangst weiter erhöht. Gerade beim Klettern an der Leistungsgrenze und beim Stürzen gilt nach Wolfgang Güllich: "Das Gehirn ist der wichtigste Muskel beim Klettern" (Hepp, 2004), es darf unter keinen Umständen abgeschaltet werden.

Neben einer starken Physis ist eine starke Psyche sehr hilfreich, denn meistens lässt der Kopf zuerst los, nicht die Muskeln. Beides kann durch eine gute Sturztechnik in Kombination mit absolutem Vertrauen in den Sicherungspartner erreicht werden. Nur so kann erlernt werden, den Haken, dem Seil, dem Sichernden sowie den eigenen Fähigkeiten und der eigenen Kontrolle beim Partnercheck absolut zu vertrauen. Wer sich selbst nicht vertraut, kann auch keinem Sicherungspartner vertrauen!

Ein Sturz ins Seil ist beim Sportklettern, besonders in der Halle, eigentlich völlig gefahrlos. Ausnahmen sind Sicherungsfehler, welche durch Partnercheck und Aufmerksamkeit zu vermeiden sind.

Am Fels ist dafür zu sorgen, dass ein möglicher Sturz sicher ist und die Sturzenergie durch die Sicherungskette ohne großes Verletzungsrisiko absorbiert werden kann (z.B. durch zusätzliche Zwischensicherungen). Ein Grounder darf niemals möglich sein.

Ist Ihnen das Stürzen bisher fremd, sollten Sie es unbedingt zu etwas Vertrautem machen, da die Sturzangst unser größter Feind ist! Drücken Sie sich ab jetzt nicht mehr vor einem Sturz und stellen Sie schlechte Angewohnheiten wie den Griff in die Exe oder das Benutzen anderer Farben in der Kletterhalle konsequent ab. Das Kommando „mach zu" darf nur noch in gefährlichen Situationen verwendet werden, ansonsten ist so lange weiterzukämpfen, bis man abtropft. Ein Zwischenschritt ist die erheiternde Information „ich komme", aber selbst die ist letztlich unerwünscht. Dagegen kann es sinnvoll sein, vor heiklen Stellen den Sichernden mit dem Ruf „Achtung" darauf hinzuweisen, dass höchste Aufmerksamkeit erforderlich ist.

Tipp: Die Meisterlösung ist es, Dynamik in den Kletterstil zu bringen, Stürze als integralen Bestandteil des Kletterns anzuerkennen und so oft wie möglich zu stürzen, bei jedem Training. Ein bewährtes Mittel ist, in jeder Auf- oder Abwärmroute an der letzten Expressschlinge das Seil nicht in den Umlenker einzuhängen, sondern unter Vorwarnung direkt ins Seil zu springen. Ein Sturz sollte in einer zweiten Stufe ohne Vorwarnung erfolgen, da die Aufmerksamkeit des Sichernden ebenfalls trainiert werden muss.

In einem Sturztraining erfolgt stufenweise eine Deeskalation. Man beginnt zur Schulung der Körperanspannung beim Stürzen am besten mit dem kontrollierten Abfallen beim Bouldern auf eine weiche Matte. Nach einigen Rutschern in ein Topropeseil startet man im Vorstieg in zwei Drittel Höhe eines Überhanges kleine Hopser mit dem Bauch, später mit den Knien und dann mit den Füßen auf Hakenhöhe. Hat man Probleme mit dem Loslassen, kann ein imaginärer Griff angesprungen werden oder man hält sich an einer Schlüsselstelle so lange auf, bis man abfällt. Die Sturzhöhe kann durch Seilausgabe des Sichernden bestimmt werden. Sturzhöhen von 1 bis 3 m sind völlig ausreichend.

Das Herz kann beim ersten richtigen Sturz durchaus in die Hose rutschen. Das war dann aber auch schon das Schlimmste, danach wird es definitiv einfacher. Stürzen ist eine Sache der mentalen Gewöhnung! Sobald das Stürzen angenehm erscheint und man auf den doppelten Bulinknoten umgestiegen ist (ist nach Sturzbelastung leichter zu lösen), ist das Trainingsziel erreicht. Die Sturzangst überwunden zu haben ist ein schönes Gefühl!

Tipp: Die Hand an den Anseilknoten zu legen, ist eine psychologische Hilfe. Aufgrund der Gefahr von Seilumschlingungen der Gliedmaßen sollte der Stürzende vor dem Sturz aber kein Seil aufziehen oder in der Hand halten. Achten Sie auf die Erfahrung des Sichernden! Im Zweifel muss jemand das Bremsseil zusätzlich in die Hand nehmen und so hintersichern.

Korrekte Sturztechnik bedeutet aufrechte Körperhaltung und leichtes Abstoßen von der Wand, nicht zu weit, da sonst der Aufprall unangenehm wird, aber auch nicht zu kurz, da sonst Wandberührungen möglich sind.

Am besten werden die Hände zur Seite gespreizt und dadurch der Körper bereits in der Luft stabilisiert (Hochholzer & Schöffl, 2009). Die Beine sind leicht gespreizt, die Bauch- und Rumpfmuskeln angespannt. Knie und Füße gehören gebeugt, sodass der Anprall an

Abb. 48: Korrekte Sturztechnik (s)

der Wand mit den Füßen gut abgefangen werden kann. Bei einem Pendelsturz springt man in Richtung der letzten Exe, sodass der Pendler etwas reduziert wird.

Am Felsen achten Sie am besten während des gesamten Vorstiegs auf das Sturzgelände, d.h. auf die potentiellen Folgen eines Sturzes, und agieren entsprechend (z.B. indem Sie eine zusätzliche Sicherung legen). In Trad-Routen (☞ Zwischensicherungen, S. 102) muss das Stürzen und das Vertrauen in selbst gelegte Sicherungen (zunächst mit Hintersicherung) speziell trainiert werden. In ausweglosen Situationen ist ein kontrollierter längerer Sturz meistens angenehmer. Ein unkontrollierter Pendelsturz, ein Sturz auf ein Felsband oder an eine Dachkante kann einen Arztbesuch nach sich ziehen.

Tipp: Ist ein Grounder möglich, so muss der Sichernde das Seil beim Sturz reflexartig straff einziehen oder nach hinten rennen. Am Naturfels kann auch bergab gerannt werden. Ist ein unmittelbarer Absatz vorhanden, springt man am besten nach unten ab, um die Sturzhöhe des Kletternden etwas zu verkürzen. Ein Straffziehen des Seiles bewirkt jedoch, dass der Sturz für den Kletterer härter wird (Fangstoß). Daher ist diese Technik bei Stürzen weit über dem Boden nicht anzuwenden!

Ein aktives Nachgeben mit dem Körper macht den Sturz für den Kletterer in diesen Fällen weich und angenehm. Um bei einem Sturz auf Platten nicht regelrecht herunterzuraspeln und sich aufzuschürfen, kann man versuchen sich umzudrehen und ein Stück, am besten bis auf Höhe des letzten Hakens, abzulaufen.

Übung: Stürze gehören zum Alltag und somit in jede Trainingseinheit, am einfachsten und ungefährlichsten in Überhängen und Dächern. Zur Verbesserung der Moral sollte regelmäßig an der Sturzgrenze geklettert werden. Ohne eine Vielzahl von vielen Hundert automatisierten Stürzen werden Sie Ihre Leistungsgrenze nur sehr schwer verschieben können! Bei Höhenangst oder bei Problemen mit der Exponiertheit (Ausgesetztheit) einer Route helfen Besuche im Hochseilgarten, das Seilrutschen (Flying Fox), das Slacklinen auf der Highline und das Erklettern von hohen Leitern, z.B. auf Klettersteigen. Ziel muss es sein, die Angst ausblenden zu können und Stürze zur Routineangelegenheit zu machen. In diesem Sinne wünsche ich Ihnen einen guten Flug!

Umbauen und Abbauen

Umbauen muss man immer dann, wenn sich nach dem Vorstieg am Ende einer Route kein Umlenkkarabiner (Umlenker) befindet, in den man das Seil zum Ablassen einfach einhängen kann. Dann wird das Seil durch den Haken durchgefädelt, wobei die Sicherung nicht aufgegeben werden darf.

Tipp: In Sandsteinklettergebieten ist es üblich, abzuseilen (☞ Abseilen, Rückzug und Ablassen, S. 119), damit der Umlenkhaken durch den Sand weniger abgenutzt wird.

Zum Umbauen sichert man sich mit ein, zwei Expressen oder einer Band-schlinge mit Verschlusskarabiner und setzt sich in diese Selbstsicherung. Dann zieht man ca. 2 m Seil auf und knüpft mit einem Sackstich eine Schlaufe ins Seil. In diese Schlaufe klinkt man einen Verschlusskarabiner und befestigt ihn an der Anseilschlaufe des Hüftgurts (nicht an einer Materialschlaufe!). Nun wird der Anseilknoten gelöst, das Seil durch den Haken gefädelt und am Seil-ende wieder eingebunden. Nach einer Überprüfung entfernt man die Seil-schlaufe sowie die Selbstsicherung und gibt das Kommando „Zu", dann „Ab".

Die Selbstsicherung mit Expressen ist zwar nur unter Last sicher, nach dem Ausbinden aus dem Seil ist man aber trotzdem noch gesichert, da man bei einem Versagen der Selbstsicherung dank der am Gurt fixierten Seilschlau-fe nur bis zur letzten Zwischensicherung stürzt.

Abb. 49: Umbauen an kleinen Haken

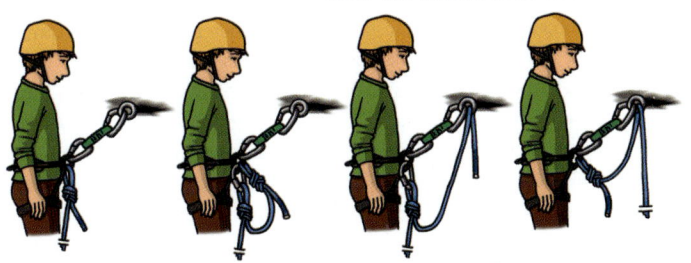

Die zweite Möglichkeit funktioniert nur an großen, runden Haken, da die Selbstsicherung und das doppelte Seil durch den Haken passen muss (Stump-fes Fädeln). Man sichert sich mit ein, zwei Expressen und belastet diese. Dann zieht man eine Seilschlaufe durch den Haken. In diese Seilschlaufe wird ein gelegter Sackstich (oder Achterknoten) geknüpft und dieser durch einen Verschlusskarabiner mit der Anseilschlaufe des Gurts verbunden. Nun wird der Anseilknoten gelöst und das Kommando „Zu" gegeben. Gesichert ist man nun über den Sackstich und den Verschlusskarabiner. Das Anseilen mit-tels Karabiner ist wegen der geringen Kräfte beim Ablassen in diesem Fall kein Problem. Das Umbauen an einer Zwischensicherung funktioniert nach dem gleichen Prinzip.

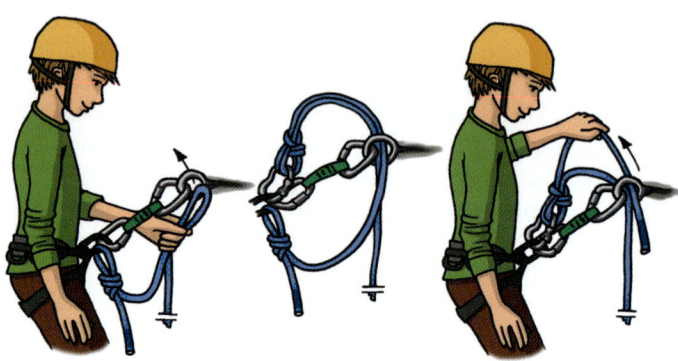

Abb. 50: Umbauen mit Seilschlaufe

Unter Abbauen versteht man das Entfernen der eingehängten Express-schlingen. In Überhängen ist dies nicht so einfach, da man von der Wand wegpendelt. Am besten geht das im Toprope bzw. Nachstieg oder man hängt sich mit einer Expresse, der sogenannten Verbindungs-Exe, in die Anseil-schlaufe in das Sicherungsseil ein. So kann man sich immer wieder zu den Expressen hinziehen und diese aushängen. Befindet sich eine Expresse unter Last, zieht man sich zu ihr hin, hängt erst das Seil aus und löst dann die Exe dynamisch im Totpunkt.

Tipp: Keylock-Karabiner verhängen sich in diesem Moment nicht so leicht im Haken.

Alternativ kann man sich am Fels festhalten und so das Seil entlasten. Um den Sichernden nicht aus dem Stand zu reißen, hängt man die Verbindungs-Exe vor dem Entfernen der untersten Zwischensicherung aus. Der Sichernde muss sich möglichst nahe an die Wand stellen, sodass die Expresse ohne große Last ausgehängt werden kann. Man prüft, ob man für die Seildehnung und den Swing genug Platz hat und nicht auf den Boden, gegen den Sichern-den oder gegen einen Baum prallt. Danach lässt man los und pendelt weg. Der Sichernde sollte beim Rückpendeln den Kletterer mit den Füßen sanft auf den Boden absetzen.

Bei geringen Hakenabständen fixiert man sich an der vorletzten Exe und entfernt zuerst die letzte Expresse. Nachdem alle Expressen entfernt sind, wird das Seil vom Sichernden gestrafft und so die Seildehnung vermieden. In leichtem Gelände kann auch die letzte Expresse ausgehängt und abgeklettert oder, wenn möglich, vom Boden aus entfernt werden. Soll der Swing vermieden werden, belässt man die Verbindungs-Exe vor der letzten Zwischensicherung und lässt in diesem Zustand ab. Der letzte Haken wird dann erneut angeklettert, die Exe entfernt und von dort aus abgeseilt.

Abb. 51: Abbauen mit Verbindungs-Exe

In Dachrouten ist es praktikabel, die Route im Toprope (Nachstieg) oder in zwei Etappen abzubauen und an einem geeigneten, d.h. runden, Zwischenhaken erneut durchzufädeln. Dies ist auch dann notwendig, wenn das Seil zu kurz ist. Auf diese Weise lassen sich Routen klettern, welche bis zu drei Viertel der Länge des Seils hoch sind. In diesem Fall ist besonders auf die Seilendfixierung zu achten.

Im Falle von natürlichen Umlenkungen wie Bäumen, Sanduhren und Felsköpfeln sowie bei einzelnen Haken funktioniert Ablassen nur mit einem Opferkarabiner. Es kann auch sinnvoll sein, in diesen Fällen abzuseilen (☞ Abseilen, Rückzug und Ablassen, S. 119).

Tipp: Die Kommunikation zwischen Kletterer und Sicherndem muss gut abgestimmt sein, damit Letzterer an allen Zwischensicherungen rechtzeitig stoppt.

Sicherungstechnik
in Mehrseillängen-Routen

Der Nachsteiger
sichert den Vorsteiger (s)

Beim Klettern von Mehrseillängenrouten gibt es einen Vorsteiger und einen Nachsteiger. Der Vorsteiger fixiert sich nach einer Seillänge am Standplatz und sichert den Nachsteiger von oben her über einen Fixpunkt nach. Geeignet sind hier blockierende Geräte wie das Reverso. Ein Nachsichern über den Körper ist nicht sinnvoll, mit Ausnahme der Plus-Clipp-Methode (☞ Sichern des Vorsteigers vom Standplatz aus, S. 114).

Weder beim Vor- noch Nachsichern sollte viel Schlappseil auftreten. Das Seilende des Vorsteigers wird scharfes Ende genannt. Wechselführung bzw. überschlagend klettern bedeutet, dass sich die Seilpartner einer Zweierseilschaft im Vorstieg abwechseln, der Nachsteiger also umgehend weiter vorsteigt. Gibt es nur einen Vorsteiger, wird der Nachsteiger erst dann aus der Sicherung genommen, wenn dieser sich selbst fixiert hat! Im Zuge des Standplatzwechsels darf niemand ungesichert sein. Aus Sicherheits- und taktischen Gründen klettert man mit Helm und 60-m-Halbseilen (☞ Kletterseil, S. 34). Vor- und Nachsteiger binden sich mit Achterknoten jeweils separat in beide Stränge ein.

Tipp: In alpinen Routen darf aufgrund der Scharfkantenproblematik kein Seil verwendet werden, das durch häufiges Topropen strapaziert wurde.

Seilkommandos

Das Seilkommando „Stand" heißt: Ich bin am Standplatz selbst gesichert und der Sichernde kann das Seil aus dem Sicherungsgerät nehmen. Nachdem das Seil vom Vorsteiger heraufgezogen wurde, gibt der Nachsteiger das Kommando „Seil aus". Sobald der Nachsteiger in der Sicherung ist und nachklettern kann, ruft der Vorsteiger „Nachkommen". Das Kommando „Zu" bedeutet das Gleiche wie beim Sportklettern in Einseillängen-Routen. Bei mehreren Seilschaften ist unbedingt der Name des Kletterpartners zu nennen. Die Kommandos „Seil ein" und „ich komme" sind bei aufmerksamer Sicherungspraxis überflüssig. Kann man sich aufgrund von Wind nicht verständigen, zieht man für die Seilkommandos „Stand" und „Nachkommen" dreimal ruckartig am Seil („Seilmorsezeichen").

Alternativ sichert sich der Vorsteiger am Stand nur mit einem der Halbseile, aber immer mit demselben. Der Sichernde merkt dann, dass zunächst nur ein Seil hochgezogen wird. Sobald der Vorsteiger wieder beide Stränge hochzieht, ist dies das Zeichen für den Sichernden, die Partnersicherung zu lösen. Wenn das Restseil eingezogen ist, nimmt der Vorsteiger den Nachsteiger in die Sicherung. Erst danach zieht er auch das übrig gebliebene längere Ende des anderen Halbseils ein. Ein letztes Straffen des Doppelstrangs ist das Zeichen für den Nachsteiger loszuklettern. In manchen Fällen können auch leichte Funkgeräte Sinn machen.

Tipp: Informieren Sie den Vorsteiger, wie viel Seil noch zur Verfügung steht, z.B. „Seilmitte" oder „noch 5 m". Kommen Sie als Nachsteiger am Stand an, kümmern Sie sich zuallererst um Ihre eigene Selbstsicherung.

Zwischensicherungen

Zwischensicherungen werden im Vorstieg zur Reduzierung der Sturzhöhe innerhalb der Sicherungskette zwischen zwei Standplätzen eingehängt bzw. angebracht, z.B. Sicherungsmittel wie Bohrhaken. Normalhaken werden in der Regel nur noch vereinzelt in Alpinrouten gesetzt. Jede weitere Zwischensicherung reduziert den Sturzfaktor und nimmt Last vom Standplatz. Zwischensicherungen sind in der Sicherungskette die am stärksten belasteten Punkte (☞ Theoretische Grundlagen, S. 54). Die Anzahl der Zwischensicherungen richtet sich nach dem Sturzrisiko und der Sturzgefährlichkeit.

Klemmkeile und Hexentrics sollten mit viel Auflagefläche (im unteren Teil des Keils!) möglichst weit hinten im Riss gelegt und durch einen kräftigen Ruck an der Exe festgezurrt werden. Damit der Keil nicht durch die Seilbewegung gelockert wird, ist er stets mit Exe einzuhängen oder zu verlängern. Ein Keil ist immer nur nach unten belastbar. Zu kleine Kanten und Schuppen halten nicht! Zum Lösen benutzt man einen Nutkey mit Karabiner und stößt von unten her gegen den Keil.

Tricams werden in umgeklapptem Zustand in Löcher und Risse gelegt und festgezurrt. Durch die drei Kontaktpunkte zum Fels bewirkt weiterer Zug ein Drehmoment, welches das Verklemmen verstärkt. Tricams können auch wie Klemmkeile gelegt werden.

Tipp: Keile dürfen nicht direkt mit Reepschnur oder Bandschlinge verlängert werden, da das dünne Drahtkabel die Bruchlast der Schlinge zu stark herabsetzt. Es gehört erst ein Karabiner in das Drahtkabel! Hat man keine Cams mehr, können Klemmkeile auch gestapelt, d.h. gegeneinander verklemmt werden (Krug, 2011). Hexentrics mit selbst gefädelter Reepschnur (auf maximalen Durchmesser achten) sollten nicht über scharfe Felskanten laufen.

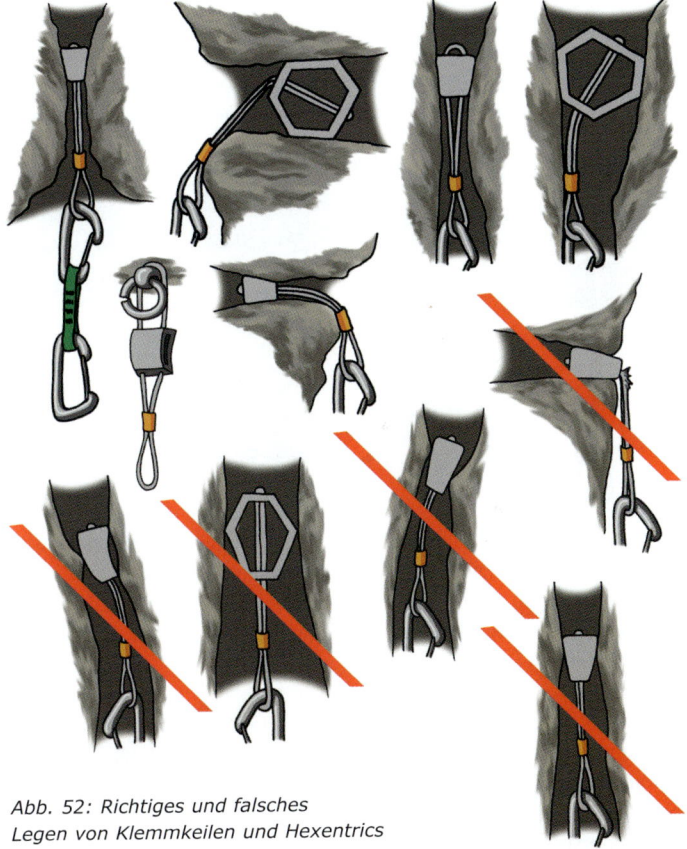

Abb. 52: Richtiges und falsches Legen von Klemmkeilen und Hexentrics

Klemmgeräte halten nur, wenn die Belastungsrichtung korrekt ist. Sie werden in vertikale und horizontale Risse oder Löcher gelegt. Die Risse müssen nicht parallel sein, sollten aber nach unten enger werden und trocken sowie frei von Schmutz wie Sand, Erde, Moos oder Flechten sein. Die Haftreibung ist im Sandstein und im Granit meistens höher als im Kalk. Zudem muss der Fels stabil sein, zu kleine Schuppen halten der Sprengwirkung beim Sturz nicht stand.

Optimal gelegt sind Cams in mittlerer Stellung. In fast offener Stellung haben sie keine Verformungsreserve mehr und können wandern. Bei nach hinten weiter werdenden Rissen kann dies zu kompletter Offenstellung führen.

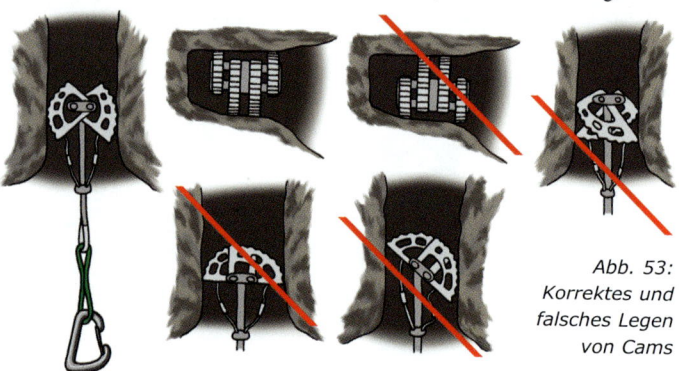

Abb. 53: Korrektes und falsches Legen von Cams

Zum Entfernen zieht man am Steg, der die Segmente zusammendrückt. Einen Cam sollte man nicht vollständig zusammengedrückt oder ganz hinten im Rissgrund legen, da man ihn sonst eventuell nicht mehr entfernen kann. Gelegte Cams sind bezüglich der Haltekraft etwas schwieriger zu beurteilen als Klemmkeile.

Tipp: Dreht man einen Cam um 180°, ergeben sich manchmal bessere Felskontaktpunkte. Sortieren Sie Keile und Cams am Gurt der Größe nach (Exen gehören in die vorderste Materialschlaufe) und trainieren Sie Ihr Augenmaß für passende Größen. Leichter geht das, wenn die Farben der Einzelkarabiner (Gewichtsersparnis im Vergleich zu Exen!) zu den Farben der Cams passen.

Beim Legen von Ballnuts muss darauf geachtet werden, dass die Kugel-kalotte mindestens den halben Weg am Keil eingezogen ist, maximal zu zwei Dritteln. So bleibt genügend Spielraum, dass bei einer Sturzbelastung die Kalotte nicht über den Keil gezogen wird und der Ballnut nicht mehr entfernt werden kann. Festgestürzte Ballnuts können von unten mit einem Nutkey gelöst werden.

Eine Sanduhr ist ein zweiseitig offenes Loch, durch das eine doppelt gefädelte (!) Reepschnur oder besser eine vernähte Bandschlinge (größere Auflagefläche und höhere Festigkeit) gefädelt wird. Fädeln Sie nie mit Ankerstich, da sich die Schlinge um die dünnste Stelle zuzieht. Die Schlinge gehört möglichst tief an die breiteste Stelle. Der Steg der Sanduhr muss ausreichend dick und fest sein. Im gewachsenen Kalkstein ohne Risse genügt Daumendicke, im Sandstein ist Unterarmdicke besser. Mehrere dünne Sand-uhren können mit einer langen Schlinge verbun-den werden. Offene PA-Reepschnüre verbinden Sie unter Zeitdruck mit dem Sackstich in Trop-fenform, besser jedoch mit Sackstich in Ringform oder Achter in Ringform (höhere Knotenfestig-keit, ☞ Bandschlingen und Reepschnüre, S. 46). Zum Fädeln von Sanduhren mit kleinen Löchern sind Reepschnüre aus Kevlar oder Stahl-kabel von Klemmkeilen praktisch (Müller, 1995).

Abb. 54: Bandschlinge an einer vertikalen Sanduhr

Waagerechte Sanduhren halten weniger als vertikale! Ein in einem Riss solide feststeckender Klemmblock kann wie eine Sanduhr verwendet werden, nie-mals aber als Standplatz.

Eine Zackenschlinge (Köpflschlinge) ist eine Bandschlinge, die über eine Felszacke gelegt wird. Damit sie sich durch Zug nach oben nicht löst, wird sie beschwert, verlängert, durch einen Sackstich eng abgebunden oder alterna-tiv doppelt gelegt. Besonders clever ist die Tie-on-Schlinge, die sich durch den

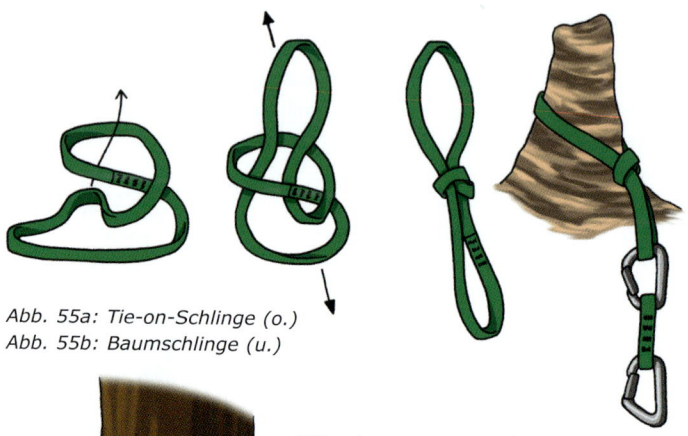

Abb. 55a: Tie-on-Schlinge (o.)
Abb. 55b: Baumschlinge (u.)

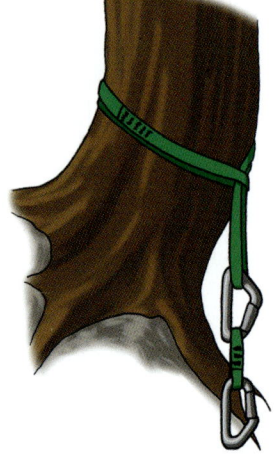

Würgeknoten unter Belastung zuzieht. Je mehr Kanten und Einbuchtungen die Schlinge umschließt, desto besser. Ab Unterarmdicke dienen gesunde Bäume und Äste von Latschenkiefern in Wurzelnähe als Zwischensicherung mittels Ankerstich-schlinge (☞ Abb. 37b, S. 79).

Knotenschlingen werden fast nur im weichen Gestein des Elbsandsteingebirges eingesetzt, wo Klemmkeile verboten sind. Eine Knotenschlinge ist ein 1 bis 2 m langes Seil (oder Reepschnur) mit einem Knoten am Ende (am besten gelegter Achterknoten, alternativ Sackstich), der sich beim Festziehen verdickt und in einer Rissverengung zwischen 5 und 20 mm statt eines Klemmkeils verwendet werden kann. Sinnvoll sind auch dreifache Achterknoten. Für schwach ausgeprägte Verengungen sind Bandschlingen besser. Eine Affenfaust (Kindskopf) ist ein besonders großer Knoten. Es kann auch ein komplett aufgenommenes Seil mit einem Prusik umknotet und gelegt werden (Krug, 2010). Zum Versenken der Knoten in schmalen Rissen ist ein Klemmkeilentferner hilfreich.

Tipp: In parallelen oder nach außen weiter werdenden Rissen bieten Knotenschlingen, für deren Einsatz generell mehr Erfahrung als bei Keilen oder Friends notwendig ist, keine Sicherung. Knoten im Einzelstrang taugen nicht!

Am besten informieren Sie sich über diese Techniken bei einem „Eingeborenen".

Besteht Gefahr, dass Zwischensicherungen durch Seilzug herausgerissen werden, sollten sie nach unten verspannt werden. Dies ist z.B. bei Klemmkeilen in Überhängen wichtig, da diese bei einem Sturz nach außen belastet werden. Man hängt in jede Sicherung einen Karabiner ein. Die Bandschlinge wird direkt mit Mastwurf gespannt, eine Reepschnur mittels Bauernflaschenzug (☞ Abb. 63a, S. 112).

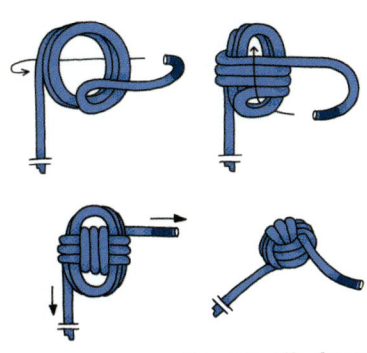

Abb. 56: Affenfaust

Clean Climbing oder Tradclimbing bedeutet, dass nur mit Sanduhr-, Zacken-, Klemmblock- und Knotenschlingen sowie mit Klemmgeräten und Klemmkeilen abgesichert wird. Besonders Rissklettern ist taktisch anspruchsvoll, da man mit den Klemmkeilen und Cams haushalten muss.

Tipp: Beim Legen von mobilen Zwischensicherungen ist ein fundiertes Wissen über die Gesteine und ihre Eigenschaften hilfreich. Bei zweifelhaften Sicherungen legen Sie „Nester", z.B. mehrere Keile hintereinander. Sicherungen zu basteln kostet Zeit und Kraft. Wenn Sie nur schlechte Sicherungspunkte finden, aber noch Kraftreserven haben, gilt in sturzfreundlichem Gelände: „If in doubt, run it out", d.h., man flüchtet nach oben, bis man bessere Griffe und gute Sicherungspunkte findet. Herrscht „Alarmstufe Rot", müssen Sie abwägen, ob das Weiterklettern, ein Rückzug oder ein kontrollierter Sturz besser ist. Achten Sie auf geradlinigen Seilverlauf und verlängern Sie gegebenenfalls auch Bohrhaken. In langen Seillängen wird der Seilzug sonst so stark, dass kaum noch weitergeklettert werden kann.

Standplatzbau und Partnersicherung

Ein Standplatz ist ein Sicherungspunkt in einer Route, welcher die Lebensversicherung aller Seilschaftsmitglieder ist. Ein Versagen hätte einen tödlichen Seilschaftssturz, den Super-GAU beim Klettern, zur Folge. Er sollte daher redundant an mehreren Fixpunkten abgesichert und vor Steinschlag sicher sein. Es gilt das Prinzip des Zentralpunktes, d.h., die Selbstsicherung des Seilersten und die Partnersicherung werden am selben Punkt eingehängt. Der Zentralpunkt ist bei mehreren Fixpunkten immer unten. Die einzig richtige Methode zum Standplatzbau gibt es nicht. Daher müssen die Systeme verstanden und je nach Situation angewendet werden.

Tipp: Zur Reduzierung des Sturzfaktors sollte ein Standplatz nicht vor Schlüsselstellen, sondern danach eingerichtet werden. Ist das Seil zu Ende und kann kein sicherer Standplatz gefunden werden, muss wieder ein Stück abgeklettert werden. Alternativ wird ein schlechter Standplatz bezogen und der Nachsteiger richtet noch einen neuen Standplatz ein, bevor er die letzte solide Zwischensicherung aushängt.

Die Selbstsicherung mit Bandschlinge erfolgt mit Ankerstichschlinge (☞ Abb. 26, S. 64) in die Anseilschlaufe und Verschlusskarabiner in den Standhaken. Wird der Karabiner mit Mastwurf in der Bandschlinge eingebunden, kann er nicht verrutschen oder querstehen. Ein Ankerstich am Karabiner ist ungeeignet, da sich in diesem Fall ein nicht im Haken eingehängter Karabiner von selbst von der Bandschlinge lösen kann (dies geschieht dann, wenn sich die Schlinge so weit lockert, dass sie sich über den Karabiner stülpt). Eine Gummifixierung wäre gefährlich, da diese bei versehentlich

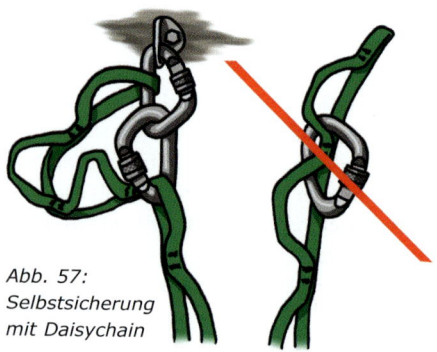

Abb. 57:
Selbstsicherung
mit Daisychain

doppeltem Einhängen versagt! Ist eine Längenverstellung gewünscht, ist ein Mastwurf direkt im Seil ideal (☞ Abb. 25a, S. 63). Eine Daisychain darf nur mit zweitem Verschlusskarabiner verkürzt werden!

Eine verlängerte Standschlinge ermöglicht es, einen Hängestand zu vermeiden oder mit dem Nachsteiger zu kommunizieren. Dafür ziehen Sie den Mastwurf Ihrer Standschlinge so lange auf, bis Sie zum gewünschten Standort zurückgehen können. Ca. 50 cm vor dem Anseilknoten knüpfen Sie mit gelegtem Sackstich oder gelegtem doppelten Bulin (☞ Abb. 21b, S. 60 und Abb. 23b, S. 62), eine Seilschlaufe ab, in welche die Partnersicherung (Kameradensicherung) eingehängt wird.

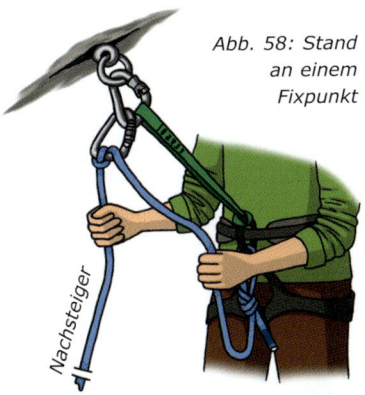

Abb. 58: Stand an einem Fixpunkt

An einem sicheren Fixpunkt (z.B. DAV-Sicherheitshaken als Standhaken, gute Sanduhr (fester Fels ab Armdicke), Felskopf, Block oder Baum) wird der HMS-Karabiner für den Nachsteiger in den Karabiner der Selbstsicherung mit eingehängt, und zwar in die der Karabineröffnung gegenüberliegenden Seite. Die Karabineröffnungen gehören dabei weg vom Fels bzw. müssen sichtbar sein.

In allen anderen Fällen sind mehrere Fixpunkte zu verbinden. Nur Exen als Verbindung einzuhängen, ist gefährlich! Eine gute Methode zum Verbinden zweier Bohrhaken ist die gespannte Reihenschaltung mit Bandschlinge im Doppelstrang (Mastwurf oder Sackstich). Sie funktioniert am besten bei vertikal angeordneten Fixpunkten und gilt auch bei nur einem sicheren oberen (!) Fixpunkt als Standardmethode. Der Zentralkarabiner wird am unteren Fixpunkt eingehängt, sodass es bei Versagen eines Fixpunktes kein Durchsacken bzw. keine Sturzstreckenverlängerung gibt. Die Reihenschaltung muss daher gespannt sein. Der Mastwurf lässt sich durch Lockern der mittleren Windung und Straffen des gewünschten Endes verstellen. Weitere Fixpunkte sind mit dem Rest der Bandschlinge zu integrieren.

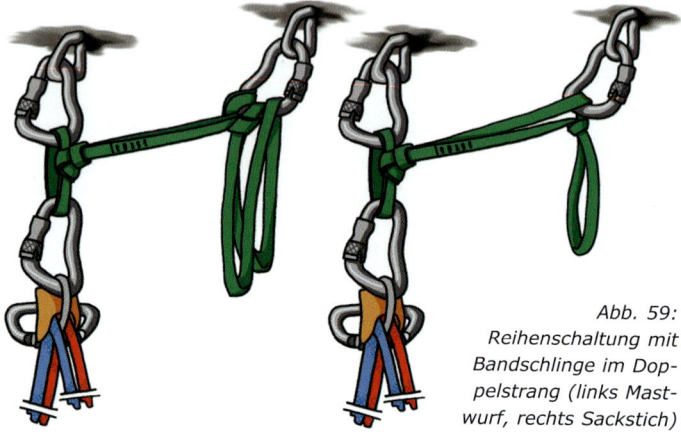

Abb. 59:
Reihenschaltung mit
Bandschlinge im Dop-
pelstrang (links Mast-
wurf, rechts Sackstich)

Tipp: Bei der Reihenschaltung mit Bandschlinge ist für die Zentralschlinge der gelegte doppelte Bulin am günstigsten. Die Reihenschaltung mit Bandschlinge im Einzelstrang widerspricht der heutigen Lehrmeinung! Ist der untere Fixpunkt besser, spannt man die Reihenschaltung nicht! Die Hauptlast hängt im Sturzfall dann unten. Am besten bereitet man sich zwei solcher Schlingen vor.

Abb. 60a:
Standplatz-
schlinge

Eine Alternative ist die Verbindung mit Standplatzschlinge oder Seil. Hier ist der Material- und Zeitbedarf besonders gering. Bei Verwendung des Seils kann der Zentralpunkt durch eine kurze Sackstichschlaufe mit dem Seil hergestellt werden, welche in den unteren Fixpunkt eingehängt wird. Ein Standplatzbau mit Kletterseil ist jedoch nur bei Wechselführung sinnvoll.

Bei fragwürdigen Fixpunkten (Normalhaken oder mobile Sicherungsmittel)

ist die Ausgleichsverankerung
(Parallelschaltung) mittels
beweglichem Kräftedreieck die
sicherste Methode, da die
Verteilung der Belastung gleich-
mäßiger ist als bei der Reihenschaltung. Ein Strang der Bandschlinge wird um 180° verdreht
und in das entstandene Auge
und den anderen Strang der
Zentralkarabiner eingehängt. In
den Zentralkarabiner kommt die
Selbstsicherung.

Abb. 61:
Reihenschal-
tung mit
Kletterseil

Die Partnersicherung gehört
auf die dem Verschluss gegen-
überliegende Seite des Zentralkarabiners. Um ein Durchsacken der Sicherung
bei Ausbruch eines Fixpunktes und zusätzlichen Fangstoß durch den aus dem
Stand gerissenen Sichernden zu verhindern, sollte die Bandschlinge beidseitig
abgeknotet werden.

Abb. 62: Ausgleichsverankerung mit zwei oder
drei Fixpunkten (links), abgeknotete Ausgleichsverankerung (rechts)

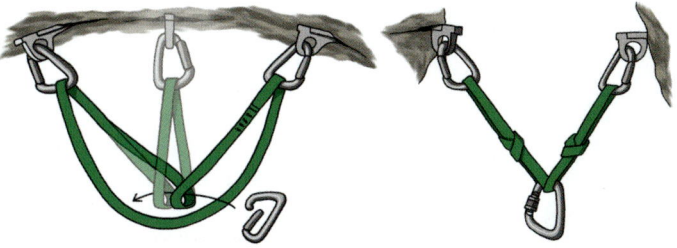

Tipp: Der Winkel der Ausgleichsverankerung ist bei 30° am günstigsten und
sollte 60° nicht übersteigen. Der Abstand der Fixpunkte sollte nicht mehr als
0,5 m betragen.

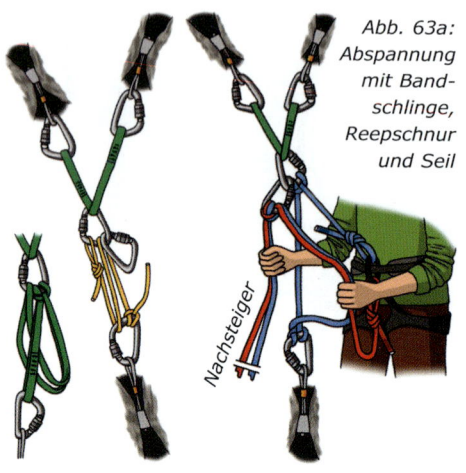

Abb. 63a: Abspannung mit Bandschlinge, Reepschnur und Seil

Nachsteiger

Die Ausgleichsverankerung kann auch mit Köpflschlingen, Klemmkeilen oder Cams gebaut werden. Um den Stand zum weiteren Vorstieg nutzen zu können, muss er nach unten abgebunden werden, um im Sturzfall nicht nach oben umzuklappen. Das mit der Selbstsicherung am Zentralpunktkarabiner befestigte Seil wird mittels Mastwurf an einem tieferen Fixpunkt gespannt. Alternativ verwendet man eine Bandschlinge oder eine Reepschnur, welche mit einem durch Sackstich abgeknoteten Auge eingehängt und durch jeden Karabiner mehrfach hin und her gewickelt wird (Bauernflaschenzug).

Ist kein Fixpunkt zum Verspannen nach unten vorhanden, kommt ein abgehängtes Kräftedreieck zum Einsatz, wobei für den weiteren Vorstieg die Selbstsicherung sehr lang sein und über Körper gesichert werden muss. In den Zentralpunkt des Kräftedreiecks wird die erste Exe eingehängt.

Abb. 63b (u.): Alternative: abgehängtes Kräftedreieck

Tipp: Gibt es nur einen Vorsteiger, wird erst nach dem Standplatzwechsel mit dem Seil nach unten abgespannt! Dann kann das Seil des Nachsteigers ohne Zeitverlust verbaut werden. So spart man auch Material.

Köpfl- und Blockstände, welche mit Kletterseil oder Bandschlingen (☞ Abb. 53, S. 104) eingerichtet werden, müssen ebenso nach unten abgebunden werden. Legt man das Kletterseil um einen großen Block, wird es mit einem Achterknoten, einem Verschlusskarabiner und einem Mastwurf straffgezurrt. In beiden Fällen muss das Prinzip des Zentralpunktes erfüllt sein.

Der Standplatzbau allein mit mobilen Sicherungsmitteln ist nicht immer einfach und erfordert viel Übung! Meistens ist eine Kombination aus Cams und Klemmkeilen am günstigsten. Sicher und praktikabel ist die Reihenschaltung mit Kräfteverteilung. Bei Versagen eines Fixpunktes kommt es zu keinem zusätzlichen Krafteintrag. Nachträglich können sehr leicht weitere Fixpunkte mittels zusätzlicher Schlingen oder mit Kletterseil integriert werden.

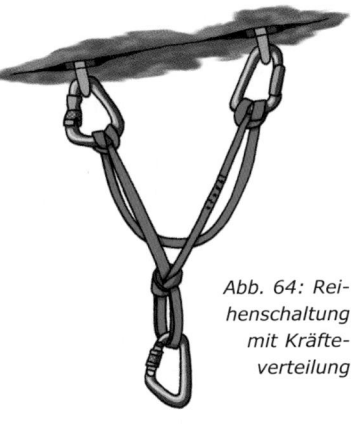

Abb. 64: Reihenschaltung mit Kräfteverteilung

Abb. 65 (u.): Ausgleichsverankerung kombiniert mit Reihenschaltung

Reihenschaltung und Ausgleichsverankerung können auch kombiniert werden, z.B. wenn zwei schlechtere Fixpunkte horizontal liegen und sich ein weiterer vertikal darüber oder darunter befindet. Auch können zwei Reihenschaltungen nebeneinander mit einer Ausgleichsverankerung versehen werden. Zu beachten sind die Winkel der Ausgleichsverankerung und die Auswirkung, wenn einer oder gar mehrere Fixpunkte ausbrechen!

Meist wird mit Halbmastwurf (bei Halbseilen im Doppelstrang) nachgesichert. Für die Partnersicherung sehr zu empfehlen ist ein selbstblockierendes Sicherungsgerät (☞ Dreierseilschaft, S. 117). Das Alpine Up von Climbing Technology ist ebenfalls geeignet. In den letzten beiden Fällen kann man sich den Abseilachter sparen.

Die direkte Köpflsicherung durch Seilreibung kommt für den Nachstieg nur in leichtem Gelände, z.B. auf Blockgraten an soliden Zacken mit Hinterschnitt in Frage. Hüft- und Schultersicherung sind riskant, bergen die Gefahr von Verbrennungen und machen höchstens dann Sinn, wenn man sich gut verspreizen kann und anschließend kein Standplatz benötigt wird (z.B. Gehgelände, breite Bänder, Ausstiege).

Tipp: Klettern Sie eine Route ohne eingerichtete Standplätze, achten Sie spätestens nach der halben Seillänge auf gute Standmöglichkeiten. Dies ist schneller und sicherer, als wenn Sie bei ausgegangenem Seil ewig brauchen, um einen halbwegs tauglichen Stand zu bauen.

Sichern des Vorsteigers vom Standplatz aus

Eine Seilschaft sollte sich durch geeignete Standplatzwahl, der Sichernde durch korrekte Positionierung vor Steinschlag schützen. Vom Standplatz weg kommt in der Regel die Fixpunktsicherung zum Einsatz, d.h. das Sicherungsgerät ist direkt in einem (sicheren!) Standhaken oder dem Zentralkarabiner eingehängt. Der Sichernde ist dann nicht Teil der Sicherungskette, wird dadurch beim Sturz nicht hochgerissen (Anprallgefahr), kann das Bremsseil leichter bedienen und bei Bedarf schnell fixieren. Allgemein sollte auf eine Bremsreserve von 5 m Seillänge geachtet werden, um einen großen Sturz dynamisch abzufangen (Schubert, 1998). Im anderen Fall muss noch vor dem Stand eine Zwischensicherung gelegt werden.

Bei der Körpersicherung wird das Sicherungsgerät direkt in der Anseilschlaufe eingehängt, sofern keine Verletzungsgefahr für den Sichernden durch Abheben besteht und der Kletternde maximal 25 % schwerer ist als der Sichernde.

Kurz oberhalb des Standplatzes wird eine Zwischensicherung (Dummy-Runner, z.B. auch ein Keil) eingehängt, die verhindert, dass der Vorsteiger direkt in den Stand rauscht. Befindet sich diese Sicherung direkt am Stand, muss sich der Sichernde wegen Kollisionsgefahr mit langer Selbstsicherung ca. 1,5 bis 2 m weiter unten positionieren. Ist die erste solide Zwischensicherung geklippt, wird der Dummy-Runner entfernt. Ist die nächste Sicherung in einem Quergang, belässt man den Dummy- Runner und der Sichernde stellt sich in Richtung des Quergangs, sodass er im Sturzfall weniger zur Seite gezogen wird.

Tipp: Körpersicherung sollte ausschließlich in gut abgesicherten Routen zum Einsatz kommen, wo nur Stürze mit geringem Sturzfaktor auftreten. Achtung: Wenn man hochgerissen wird, kann es schwierig werden, im Notfall das Seil zu blockieren.

Für Wechselführung und um dem Nachsteiger Seilzug zu geben ist die Plus-Clipp-Methode geeignet. Sofern genug Seil übrig ist, überklettert der Vorsteiger den Standplatz und hängt die erste solide Zwischensicherung (nicht zu weit entfernt und vertikal über dem Stand) der nächsten Seillänge ein. Dann klettert er zurück zum Stand und sichert sich mit langer Selbstsicherung. Der Nachsteiger wird nun fast wie im Toprope über Körper gesichert. Nachdem er den Standplatz erreicht hat, kann er ohne Umbau zunächst gut gesichert vorsteigen. Diese Methode eignet sich auch für einen Schlingenstand oder für zweifelhafte Standplätze, da die Standfixpunkte nicht durch den Nachsteiger belastet werden.

Tipp: Das Seil muss verdreht in die Zwischensicherung oberhalb des Standes geklippt werden, damit es beim Vorstieg korrekt durch die Expresse läuft. Die Selbstsicherung sollte bei Körpersicherung 1 bis 1,5 m lang sein, um ein Abheben nach oben zu ermöglichen.

Quergänge

Führungstechnische Maßnahmen machen den Nachstieg in einem Quergang sicherer. Um einen Pendelsturz des Nachsteigers zu vermeiden, hängt der

Vorsteiger am Beginn der Querung und im Quergang nach schweren Stellen eine Zwischensicherung ein.

Ist ein Stand vertikal über dem Ende eines Quergangs, hängt man die Sicherungen im und am Ende des Quergangs nur mit einem Halbseil ein. Dann steht das andere zur direkten Sicherung von oben zur Verfügung.

Abb. 66a: Seilzugquergang: Seil fädeln

Kommt der Vorsteiger an einem Quergang nicht mehr weiter, hilft folgendes Seilmanöver mit Halbseilen: Der Vorsteiger macht am Beginn des Quergangs Stand, bindet sich aus, fädelt den einen Seilstrang durch einen runden Haken (ggf. Opferkarabiner oder Reepschnurschlinge) und bindet sich wieder ein. Das nicht gefädelte Seil wird am Haken mit einer Exe eingehängt. Dann wird er langsam abgelassen, sodass er mit Seilzug queren kann. Die Zwischensicherungen im Quergang werden mit

Abb. 66b: Seilzugquergang rückwärts absichern

dem nicht gefädelten Seil eingehängt. Mit diesem wird er weiter abgelassen. Zum Nachsichern werden die Stränge getrennt bedient, einer wird eingenommen, der andere ausgegeben. Am Stand bindet sich der Nachsteiger aus dem gefädelten Seil aus und zieht es ab.

Ein Pendelquergang kommt bei extrem grifflosen und weiten Quergängen in Frage. Der Vorsteiger fädelt das Seil wie beim rückwärtigen Absichern. Auf der richtigen Höhe nimmt der Vorsteiger Anlauf, rennt hin- und her, bis er durch Pendeln wieder Griffe und einen Standplatz erreicht. Der Nachsteiger klettert bis zur Umlenkung, hängt die Exe aus und wird dann an diesem Seilstrang zum Stand gezogen.

Tipp: Führen Quergänge abwärts, ist es sinnvoll, den Schwächeren vorzulassen. Achtung: Grifflose Quergänge sind in umgekehrter Richtung quasi nicht mehr begehbar! Verläuft der Abstieg über dieselbe Route, muss man ein Geländerseil installieren und zurücklassen, genügend Haken zum technischen Klettern setzen oder eine Abseilpiste einrichten.

Übung: Pendeln kann beim Toprope mittels einer Seilschaukel in einem Überhang gut geübt werden und macht riesig Spaß. Hier können Sie sich mal so richtig zum Affen machen! Vergessen Sie aber nicht die Hintersicherung der Umlenkung.

Dreierseilschaft

In einer Dreierseilschaft wird der Vorsteiger grundsätzlich nur von einem Nachsteiger gesichert. Auf leichten Blockgraten und im flachen Gelände, wo Halbseile unpraktisch sind und das Steinschlagrisiko unnötig erhöhen, kann ein Einfachseil mit Seilweiche zum Einsatz kommen. Hierfür legt man ca. 3 m vor dem Seilende einen Achter oder Sackstich mit einer etwa 1 m langen Schlaufe. In diese klinkt sich der Zweite mit zwei gegenläufigen Verschlusskarabinern ein.

Alternativ ist direktes Anseilen in der Seilweiche mit Ankerstich möglich: Hierfür zieht der Mittelmann die Seilschlinge durch die Anseilschlaufe des Klettergurtes und steigt durch diese hindurch. Der zweite Nachsteiger bindet sich am Ende des Seils normal ein. Der Vorsteiger klettert nun wie gewohnt am Einfachseil vor und sichert beide Nachsteiger gleichzeitig mit HMS, besser mit Sicherungsplatte (Magic Plate), oder noch besser mit einem Sicherungsgerät mit Selbstblockierung (z.B. Reverso). Nachsteiger können mithilfe der

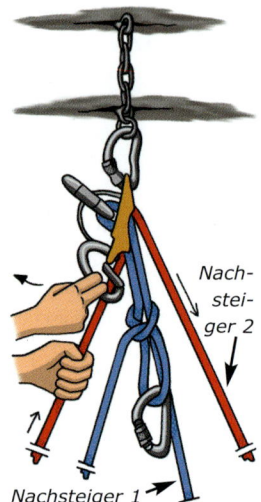

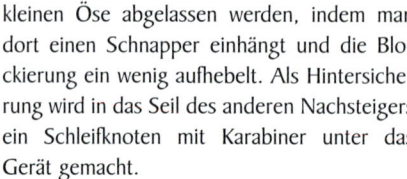

kleinen Öse abgelassen werden, indem man dort einen Schnapper einhängt und die Blockierung ein wenig aufhebelt. Als Hintersicherung wird in das Seil des anderen Nachsteigers ein Schleifknoten mit Karabiner unter das Gerät gemacht.

Tipp: Diese Methode ist nur geeignet, wenn beide Nachsteiger das Gelände beherrschen. Nachteile: Die Nachsteiger müssen gleich schnell sein und im Sturzfall hängen zwei Personen im Seil.

Abb. 67 (o.): Lösen der Blockierung beim Reverso

In schwierigerem Gelände klettert man in V-Seilschaft und verwendet zwei Halbseile und ein Sicherungsgerät für das gleichzeitige und selbstblockierende Sichern von zwei Nachsteigern (z.B. Reverso, ATC Guide oder Climb up alpine). Die neuesten Geräte erlauben individuelles Sichern der Nachsteiger und Seilausgeben. In diesem Fall bindet sich der Vorsteiger mit je einem Achterknoten in beide Halbseile ein, während sich die Nachsteiger nur mit einem Seilstrang anseilen.

Abb. 68: Nachsichern mit Reverso

Der erste Nachsteiger hängt im Normalfall nur seinen Strang aus und belässt den anderen in den Zwischensicherungen. Ist der Routenverlauf gerade und maximal senkrecht, werden beide Stränge ausgehängt. Der Abstand der Nachsteiger sollte ca. 4 m betragen.

Führungswechsel sollten vermieden werden, denn sie erfordern komplettes Umbinden. Wird das Restseil ohne Verdrehen eingezogen, werden starke Seilkrangel beim Nachsichern vermieden. Größere Seilschaften als die Dreierseilschaft sind unflexibel und nicht zu empfehlen.

Für eine kurze V-Seilschaft binden sich die zwei Nachsteiger jeweils an den Seilenden eines möglichst langen Halbseils und der Vorsteiger in Seilmitte mit gelegtem doppelten Bulin ein. Die Standplätze dürfen bei dieser Methode nicht mehr als die halbe Seillänge entfernt sein.

Abb. 69: Gelegter doppelter Bulin für den Vorsteiger

Abseilen, Rückzug und Ablassen

Als Abseilen bezeichnet man das Hinabgleiten mit einem Abseilgerät am fixierten Seil, wobei der Fixpunkt mit dem 1,5- bis 3-fachen Körpergewicht belastet wird (Schubert, 1998). Um das Seil abziehen zu können, wird am Doppelstrang abgeseilt. Dazu fädelt man es durch den Abseilhaken an der Abseilstelle, sodass die Seilmitte am Haken ist. Mit einem 60 m-Einfachseil kann im Doppelstrang maximal 30 m abgeseilt werden.

Mit Halbseilen steht die volle Seillänge zur Verfügung. In diesem Fall wird ein Seilende ca. 60 cm durch den Abseilhaken gezogen und durch einen sauber (!) gelegten Sackstich in Tropfenform (☞ Anseilen und Knotentechnik, S. 58) mit dem anderen Seilende verbunden. Zur Redundanz legt man direkt dahinter einen zweiten Sackstich und lässt die Seilenden ca. 40 cm überstehen (☞ Abb. 73, S. 125). Der Sackstich verhakt sich später beim Abziehen nur selten, da er sich aufstellt und somit Unebenheiten an der Felsoberfläche ausweicht.

Tipp: Erscheint der Abseilfixpunkt fragwürdig, ist er zu hintersichern. Der Erste hängt zur Redundanz für den Zweiten Zwischensicherungen in einen der beiden Stränge ein und fixiert das Seil am unteren Stand. Läuft das Seil über eine Felskante, muss der Verbindungsknoten zum leichten Abziehen des Seils unter der Kante liegen. Die Kante darf nicht scharf sein!

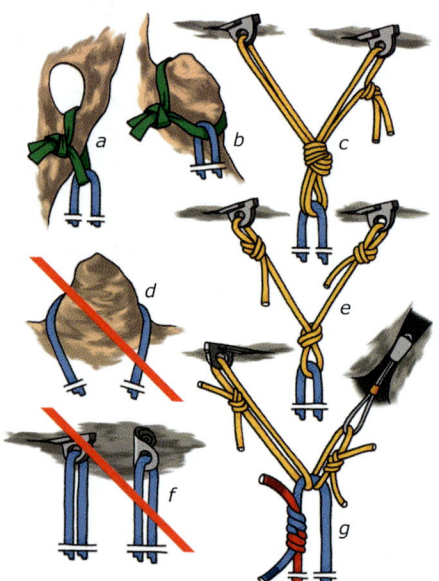

Abb. 70: Zwei Möglichkeiten für das fixierte Kräftedreieck als Abseilstand (c, e), Sanduhr (a) und Felsköpfl (b) mit Bandschlinge sowie mit Klemmkeil (g), falsche Anbringung (d, f)

Ist keine Abseilpiste mit soliden Fixpunkten (mit Kette verbundene Bohrhaken, DAV-Sicherheitshaken) vorhanden, müssen die Abseilstellen selbst eingerichtet werden. Natürliche Fixpunkte können solide Sanduhren, Bäume, Latschenkiefern oder Felsköpfl (Felszacken) sein. Da das Seil nicht direkt um den Fixpunkt gelegt wird, muss mit Reepschnur oder Bandmaterial (wird als Abseilschlinge zurückgelassen) ein Abseilstand eingerichtet werden. Will man keinen Karabiner opfern, knotet man eine 6-mm Reepschnur um den Fixpunkt und knüpft ein Sackstichauge (nicht zu klein) ab, durch welches das Seil gefädelt wird. Sollen zwei schlechtere Fixpunkte (Normalhaken, Klemmkeile o.ä.) verbunden werden, verwendet man als Abseilstand das mit Sackstichauge in Zugrichtung fixierte Kräftedreieck im Doppelstrang. Alternativ funktioniert auch eine einfache Bandschlinge um ein Felsköpfl oder eine Sanduhr, verbunden mit dem gesteckten Achterknoten in Ringform. Klemmkeile sollten doppelt verwendet und festgeklopft werden. An einem einzelnen Normalhaken oder an scharfkantigen Laschen sollte nicht abgeseilt werden.

Tipp: Scharfe Kanten an Sanduhren oder Felsköpfeln sind abzurunden, sofern man einen Kletterhammer dabeihat. Fixpunkte oberhalb eines Felsbandes sollten bis unter den Vorsprung verlängert werden, sodass sich das Seil leichter abziehen lässt. Für ein leichteres Seilabziehen haben sich auch Schraubglieder oder eingeknotete Abseilringe bestens bewährt. Vorgefundene beschädigte Schlingen an Abseilstellen sind durch Reepschnur zu ersetzen, da diese durch Schmelzverbrennung beim Seilabziehen „angesägt" bzw. durch UV-Strahlung geschwächt sind. Achtung: Bandmaterial altert schneller als Kernmantelmaterial!

Zum Auswerfen des Seiles (immer mit Selbstsicherung!) wird es von den Enden her einzeln oder doppelt (geht schneller, verhakt sich aber leichter) in Schlingen aufgenommen und in jedem Strang (dann kann sich das Seil leichter auskrangeln, als wenn man beide Stränge verknotet) ca. 0,5 m vor dem Ende mit einem einfachen Achterknoten als Seilendknoten versehen. Dadurch wird ein Abseilen über das Seilende hinaus verhindert. Reicht das Seil zweifelsfrei bis zum Boden, entfällt dieser Schritt.

Nach dem Kommando „Achtung Seil" wird es mit 1 bis 2 m nach außen von der Wand weg ausgeworfen. Dabei sind Windstärke und Windrichtung zu berücksichtigen.

Beim Abseilen mit dem Abseilachter wird das Seil durch den größeren Ring geführt und über den kleineren Ring gestülpt. Letzterer wird mittels Karabiner am Klettergurt befestigt. Es ist darauf zu achten, dass das Seil unverdreht eingehängt ist (☞ Abb. 71b, S. 122) und auf der Seite der Bremshand austritt. Beim frei hängenden Abseilen am Einzelstrang erhält man eine höhere Bremswirkung, wenn man das Seil durch die kleine Öse des Achters steckt und über die große Öse stülpt, also genau andersherum.

Zur Sicherung des Achters gegen Herabfallen hängt man zunächst die große Öse des Achters (also „falschherum") mit dem Karabiner in die Anseilschlaufe. Erst danach wird das Seil wie gewohnt eingelegt, der Achter aus dem Karabiner ausgehängt und umgedreht mit der kleinen Öse wieder eingehängt.

Abb. 71a: Abseilachter mit Gummifixierung (kk)

Stellt sich der Abseilachter quer, kann die Hülse des Karabiners durchgestanzt werden. Durch Fixierung des Abseilachters am Karabiner mithilfe eines Stückes Fahrradschlauch wird dies verhindert. Dazu wird der Gummi auf die Mitte des Abseilachters und nach Einhängen des Karabiners über die kleine Öse gezogen. Abseilachter mit Plastikeinlage (☞ Abseilgeräte, S. 49) oder ein Belay-Master (☞ Karabiner, S. 23) leisten denselben Dienst.

Abb. 71b: Unverdreht eingelegtes Seil

Bei allen in der Anseilschlaufe eingehängten Abseilgeräten dient eine 5 bis 6 mm dicke und 20 cm lange Reepschnur als Hintersicherung. Diese wird als Prusikschlinge unterhalb des Abseilgeräts um beide Stränge des Bremsseils geknüpft. Das andere Ende wird mit einem Karabiner an der Beinschlaufe (!) eingeklinkt. Die Reepschnur muss so kurz sein, dass sie beim Loslassen des Bremsseils nicht in das Abseilgerät gezogen wird. Eine blockierte Prusikschlinge kann durch Hochdrücken der Hüfte, durch Aufstehen in einer um den Fuß gewickelten Seilschlaufe, mithilfe eines weiteren Prusik oder mit einem Messer gelöst werden. Der Prusikknoten wird locker von Hand mitgeführt und verklemmt sich unter Belastung.

Der beste Ablauf beim Abseilen mit Abseilachter ist folgender:

▷   Mit vorbereiteter Selbstsicherung zur Abseilstelle gehen. Falls der Weg zur Abseilstelle zu exponiert ist, wird gesichert.

▷   Es darf kein Steinschlag ausgelöst werden. Wenn doch, erfolgt Warnruf: „Stein"!

▷   Selbstsicherung mittels Ankerstichschlinge anbringen.

▷   Ein Seilende durch den Abseilhaken fädeln und Seilenden verbinden.

▷   Freie Seilenden mit Seilendknoten versehen.

▷   Seil auswerfen.

▷   Prusikschlinge einhängen.

▷   Seil durch Prusikknoten aufziehen.

▷   Bequemes Einhängen des Abseilgerätes.

▷   Seil straffen.

▷   Überprüfen des korrekten Aufbaus.

▷   Selbstsicherung aushängen.

▷   Eventuell vor dem Beginn des Abseilvorgangs etwas absteigen.

▷   Es wird nicht in uneinsehbares, unbekanntes Gelände abgeseilt. Wenn doch, benötigt man für einen eventuellen Wiederaufstieg Steigklemmen oder Prusikschlingen.

▷   Spätestens der Letzte merkt sich, an welchem Seilende (Farbe!) abgezogen wird.

Tipp: Nicht zu schnell abseilen! Es kann zu Hautverbrennungen und Seilschädigung durch Hitze kommen. Deshalb ist das Abseilgerät nach der Selbstsicherung am Stand sofort vom Seil zu entfernen. Klinkt man beim Aushängen des Achters nach dem Abseilen erst den Schrauber aus der kleinen Öse aus und in die große wieder ein, muss der heißgelaufene Achter nicht angefasst werden.

Beim Abseilen mit Tube werden beide Stränge parallel eingelegt und mit einem Verschlusskarabiner am Gurt fixiert. Die parallel geführten Stränge verhindern im Gegensatz zum Achter ein Verdrehen des Seils. Läuft das Seil zu leicht durch, wird ein zweiter Karabiner parallel dazugehängt, das erhöht die Bremswirkung.

Abb. 72: Schweizer Abseilmethode mit Reverso und Kurzprusik

Achtung: Beim Abseilen mit Tube wird eine zu lange Prusikschlinge vor dem Tube hergeschoben und verliert ihre Wirkung! Dann muss das Abseilgerät mit einer abgebundenen Selbstsicherungsschlinge etwas höher eingehängt werden (Schweizer Abseilmethode). Sofern sichergestellt ist, dass die Prusik nicht in das Abseilgerät gezogen werden kann, darf sie in diesem Fall in die Anseilschlaufe eingehängt werden.

Zum Abseilen mit dem Alpine Up öffnet man bei parallel eingelegten Seilsträngen den Hebel, drückt ihn herab und rotiert das Gerät leicht nach oben. Da das Gerät zuverlässig selbst blockiert, ist keine Hintersicherung notwendig.

Tipp: Abseilen mit HMS-Knoten ist eine Notlösung, die zu starker Krangelbildung führt.

Prinzipiell wird beim Abseilen das Seil seitlich am Körper geführt. Beide Hände gehören unterhalb des Abseilgerätes an das Bremsseil und geben dosiert Seil ein, während man mit leicht gespreizten und fast gestreckten Beinen die Wand, sofern senkrecht, sich abstoßend und federnd herabläuft. Bei korrekter Abseiltechnik sollte der Winkel der Beine zum Oberkörper ca. 120° betragen.

Die Abseilgeschwindigkeit lässt sich durch den Zug am nach unten führenden Seil (Bremsseil) regulieren. Kleidungsstücke oder Haare (am besten zum Pferdeschwanz binden) dürfen nicht in das Abseilgerät geraten, da ein Lösen nur durch Entlastung oder Abschneiden möglich ist.

Tipp: Unerfahrene oder Leichtverletzte werden fertig in das Seil eingehängt. Der Erfahrene seilt zuerst ab, dann kann der andere keinen Fehler mehr machen. Blutige Anfänger üben Abseilen am besten an einem steilen Hang.

Der Erste seilt in Falllinie ab und hält frühzeitig Ausschau nach dem nächsten Abseilstand. Hat der Erste abgeseilt und sich am Stand fixiert, sollte er nach einer Abziehprobe die Seilenden locker fixieren, sodass der Zweite nicht mehr zum Stand pendeln muss. Werden dann beide Seilstränge mittels Zugsicherung festgehalten, kann der Zweite im Sturzfall nicht am Seil herabfallen. Das Kommando „Seil frei" kann bereits gegeben werden, wenn etwas Seil durch das Abseilgerät gezogen ist, bevor es ausgehängt wird. Dadurch wird der Abseilvorgang beschleunigt.

Der Zweite sollte auf keinen Fall vor diesem Kommando am Seil ziehen, da sonst dem Ersten das Abseilgerät beim Aushängen aus der Hand gerissen werden kann.

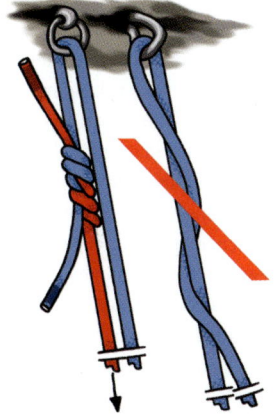

Vor dem Seilabziehen in die richtige Richtung müssen die Knoten von den Enden gelöst werden. Es wird besonders am Ende nicht ruckartig, sondern sanft gezogen! Ein einmal in die falsche Richtung gezogenes Seil kann sich festfressen. Ein ernsthaft verklemmtes Seil kann nur durch Vorstieg am Restseil gelöst werden. Aufprusiken (☞ Anseilen und Knotentechnik, S. 58) empfiehlt sich nur, wenn noch beide Enden unten sind. Manchmal hilft ein Hin- und Herschlenzen aus verschiedenen Winkeln oder zur Not rohe Gewalt (Vorsicht vor Steinschlag!).

Abb. 73: Abziehen am Einzel- und Doppelstrang

Tipp: In Abschnitten, in welchen sich das Seil leicht verhängen kann, sollte das Abziehen nicht zu schnell erfolgen. Dies gilt besonders für den Moment, bevor das Seil herabfällt. Kurze Abseilstrecken sind günstiger.

Damit das Seil an einem Ringhaken nicht abgeklemmt wird, wird stets am inneren Strang abgezogen. Der Knoten von Doppelseilen gehört daher nach innen!

Bei mehreren Abseilstellen hintereinander zieht einer das Seil ab, während der andere es bereits durch den nächsten Abseilhaken fädelt und in Schlingen aufnimmt. So kann das Seil nicht herabfallen und der Abseilvorgang wird beschleunigt. Bei kurzen Abseilstellen wird das richtige Seilende schon vom ersten Mann durch den nächsten Abseilhaken gezogen.

Tipp: Beim schrägen Abseilen bleiben Sie in der Falllinie und pendeln erst auf gleicher Höhe zum Stand hinüber. So wird die Gefahr einer Scharfkantenbelastung etwas reduziert.

Man sollte nie tiefer abseilen, als ein verhaktes Seil hängt, sonst kann es sich noch mehr verhängen oder Steinschlag auslösen. In überhängendem Gelände sollte man stets in Bewegung bleiben, da man sonst evtl. nicht mehr zum Fels pendeln kann.

Ist man im Vorstieg zum Rückzug gezwungen und maximal die Hälfte des Seils ausgegeben, kann man vom Sichernden zum Stand abgelassen werden. Ansonsten muss man an einem Zwischenhaken abseilen. Bei großen, runden Haken seilt man normal ab. An entgrateten Laschen kann direkt im Haken abgeseilt, aber nicht abgelassen werden. In kleine Haken fädelt man eine Prusikschlinge doppelt und seilt daran ab, da Selbstsicherung und Seil nicht gleichzeitig hindurchpassen oder das Seil die Selbstsicherung abklemmt. Im zweiten Fall müsste man sich nach außen lehnen, wodurch es zu einer ungünstigen Hakenbelastung kommen würde. Ist der Haken für die Reepschnur zu scharfkantig, opfert man am besten ein Schraubglied oder einen Karabiner. Da man nur an einem Sicherungspunkt abseilt, droht bei Hakenversagen ein Komplettabsturz. Daher sollte man stets überlegen, ob es nicht besser wäre, eine Hintersicherung anzubringen.

Sind alle Seilschaftsmitglieder an einem Stand, ist Ablassen des Ersten an beiden Strängen des Halbseils meistens schneller, da das Seil gleich richtig liegt. In einer Dreierseilschaft lassen Sie den Ersten und Zweiten an je einem Strang ab. Mit Einfachseil fädeln Sie dieses zuerst durch den Abseilhaken.

Beim Ablassen bleibt der Abgelassene im Seil eingebunden, sichert sich selbst und fixiert das Seil. So kann niemand über das Seilende hinaus abseilen.

Bei schrägem und überhängendem Routenverlauf klippt der Erste strategische Zwischensicherungen wieder ein. Der Letzte bleibt so auf der richtigen Linie. Er entfernt beim Abseilen (ggf. Opferkarabiner am oberen Stand) alle Sicherungen und wird zum Schluss vom Kletterpartner an den Stand gezogen. Ist das Gelände stark überhängend, klippt der Erste alle Exen, zieht am Stand das Restseil ein und lässt den Zweiten ab, welcher sich wie beim Abbauen mit einer Exe in das gegenläufige Seil einklinkt. Diese bleibt im Seil, bis man sich zum Stand hinübergezogen hat. Nachdem jeder am Stand fixiert ist, bindet sich einer aus und zieht das Seil ab.

Ablassen ist bei alpinen Abstiegen meist die schnellste Methode. Der Zweite klettert entweder gesichert ab oder seilt ab. Je nach Länge der zu überwindenden Strecke kann der Zweite auch vom Unteren abgelassen werden. Bei Halbseilen kann es manchmal sinnvoll sein, nur einen Strang zu verwenden.

Tipp: Horizontale Quergänge müssen zurückgeklettert werden. Achtung, in mehr als 45° überhängendem Gelände und in Dächern ist ein Rückzug oft nicht mehr möglich! Abseilen in unbekanntes Gelände ist unbedingt zu vermeiden, denn niemand hängt gerne plötzlich im „Nichts". Muss es unbedingt sein, geht der Erfahrenere zuerst und nimmt Material zum Aufprusiken mit. Besser wäre Ablassen.

Sicherheit und Taktik in Mehrseillängen-Routen

Mehrseillängenrouten bieten intensive Naturerlebnisse. Wer hoch hinaus will, muss sich aber auch der Risiken bewusst sein. Unter den objektiven Gefahren versteht man die von der Kompetenz des Kletterers eher unabhängigen Gefahren wie Stein- oder Eisschlag und Wettersturz. Um diese so gering wie möglich zu halten, sollte man nur bei stabilem Wetter und günstigen Verhältnissen einsteigen, sich heikler Stellen bewusst sein und gegebenenfalls schon im Zustieg den Helm aufsetzen.

Nebel oder Whiteout mit verschwimmenden Geländekonturen können die Orientierung sehr schwierig machen (hier helfen Karte, Höhenmesser und Kompass bzw. GPS). Gewitter sind nicht nur wegen Auskühlung und Blitzschlag gefährlich, sie können auch heftige Sturzbäche verursachen!

Tipp: Achten Sie auf Steinschlag durch tageszeitliche Erwärmung und vorauskletternde Seilschaften. Bei zu viel Betrieb suchen Sie sich besser eine Alternativroute. Nehmen Sie Rücksicht auf nachfolgende Seilschaften und ziehen Sie Ihr Seil nicht durch Geröllfelder!

Subjektive Gefahren sind Risiken, die aus mangelndem Können, individuellen Fehlern oder Selbstüberschätzung resultieren. Wichtig ist nicht nur gute Ausrüstung, sondern auch ein guter Trainingszustand sowie gute Vorbereitung (Tourenplanung) durch Studieren des Routenverlaufs und des Abstiegs inklusive der Erstellung eines Zeitplanes und der Berücksichtigung von Rückzugsmöglichkeiten. Schon die Müdigkeit nach dem Zustieg oder die Suche nach dem Einstieg können erste Probleme sein. Die meisten Unfälle ereignen sich aber aufgrund der nachlassenden Konzentration im Abstieg.

Abseilstellen und Fluchtmöglichkeiten sind meist durch natürliche Linien vorgegeben. In diesem Zusammenhang verwendete Begriffe sind:

▷ Flanke: Steilabfall eines Berges
▷ Rinne oder Couloir: vertikaler Einschnitt, der oft mit Eis oder Schnee gefüllt ist
▷ Rippe: stumpfer Grat, der zwei Rinnen trennt
▷ Scharte: schmale Einbuchtung zwischen zwei Gipfeln
▷ Grat: nach beiden Seiten steil abfallender Kamm
▷ Gendarm: Gratturm
▷ Kante: steiler Grat
▷ Pfeiler: turmartiger Felsvorbau
▷ Rampe: steil ansteigendes Band
▷ Randkluft: Spalt zwischen Gletscher oder Schnee und Fels am Wandfuß
▷ Wechte: überhängender Schnee auf der Lee-Seite eines Grates
▷ Direttissima: Kletterroute in Gipfelfalllinie

Ein Verhauer, also das unbeabsichtigte Abweichen von der Route, sollte unbedingt vermieden werden, da er jeden Zeitplan zu Makulatur werden lässt. Steinmännchen, abgespeckte Griffe, natürlich vorgegebene Linien und andere Spuren helfen, die richtige Route zu finden. Auch ein möglicher Biwakplatz sollte in Betracht gezogen werden. In sehr langen Routen gibt es manchmal eine Biwakschachtel.

Die Unterteilung in subjektive und objektive Gefahren ist eigentlich nicht sinnvoll, da eine objektive Gefahr falsch (also wiederum subjektiv) eingeschätzt werden kann.

Vorausschauendes Klettern mindert Gefahrensituationen (kk)

Letztlich sind alle objektiven Gefahren subjektiv verursacht. Gefahren zu erkennen, richtig zu beurteilen und rechtzeitig umzukehren sind also Grundvoraussetzungen für Ihre Sicherheit.

Niemals darf der Ehrgeiz über die Vernunft siegen! Immer noch gilt Murphys altes Gesetz: Alles was schiefgehen kann, geht irgendwann einmal schief - und das zum ungünstigsten Zeitpunkt! Die Frage ist nur, wann dies passiert und wer davon betroffen sein wird.

Außerdem: Ein dummer Zufall, auch Pech oder Schicksal genannt, ist stets die Folge von Unwissenheit, weil die Zusammenhänge zu komplex waren, um verstanden worden zu sein. Handeln Sie also nach dem Motto: „Gefahr erkannt, Gefahr gebannt" und sichern Sie sich im Zweifelsfall doppelt ab!

Tipp: Taktisch gilt in höheren Wänden: Schnelligkeit ist Sicherheit! Daher sollten Sie alles daran setzen, möglichst mit leichtem Rucksack (oder ohne Rucksack) und schnell zu klettern. Runouts sind vertretbar, wenn das Gelände absolut beherrscht wird, sonst sind sie durch mobile Sicherungsmittel zu entschärfen. Stürze in Runouts und in schlechte Sicherungen sind tabu. Die kritische Sturzhöhe hängt von der Neigung der Route und der Qualität der Sicherungen ab. Befinden Sie sich über diesem Punkt, ist reversibles (also umkehrbares) Klettern angesagt, um im Notfall abklettern zu können. Alles andere ist schlecht für die Knochen!

Ein Restrisiko durch Griffausbruch besteht immer! Fragliche Griffe oder Tritte werden mit einem leichten Schlag durch Hand oder Fuß geprüft. Je dumpfer der Klang, desto unsicherer. An Blöcken darf nicht gerüttelt werden, weil dadurch die Stabilität nicht feststellbar ist und diese sofort ausbrechen können. Die Statik sehr großer Blöcke kann nicht sicher beurteilt werden!

Stürze direkt in den Stand sind zu vermeiden, es ist frühzeitig eine Zwischensicherung anzubringen. Beim Standplatzbau und beim Wechsel ist viel Zeit einzusparen. Das Seileinholen (bevor der Nachsteiger gesichert wird) kostet Zeit und ist daher möglichst schnell auszuführen. Während der Nachsteiger gesichert wird, hält man bereits Ausschau, wie die nächste Seillänge weitergeht.

Tipp: Für den Vorsteiger erleichtert sich das Seileinholen sehr, wenn der Nachsteiger das Seil ständig etwas anhebt!

Die Sicherung des Nachsteigers ist bei Wechselführung von der Richtung her so einzuhängen, dass dieser gleich weiterklettern kann. Das Seil ist ordentlich über Selbstsicherung, Oberschenkel oder Fußgelenk in kleiner werdenden Seilschlaufen aufzunehmen, um Seilsalat zu verhindern. Auf Platten kann das Seil hängen gelassen werden. Bei viel Platz wird es sauber als Seilhaufen abgelegt.

Bei gleichbleibender Führung kann das versorgte Seil dem Sichernden übergeben werden. Ein Seilhaufen wird einfach umgedreht, ansonsten bleibt nur noch die Möglichkeit, das Seil komplett durchzuziehen.

Steigt nur einer vor, wird die Partnersicherung nicht in der Selbstsicherung eingehängt, da sie dann vom Halbmastwurf zum Mastwurf umgebaut werden kann. Da der Karabiner geöffnet wird und der Nachsteiger für kurze Zeit nicht gesichert ist, muss dieser absolut sicher stehen oder kurz anderweitig gesichert sein.

Free Solo bzw. seilfreies Klettern ist der gefährlichste Begehungsstil, da Stürze fatal sind. Solo Onsight (SOS) führt meist in Schwierigkeiten. Im leichten Wandvorbau von Mehrseillängenrouten kann dieser Stil aber von Vorteil sein, da man viel Zeit spart. Um schnell mit dem Sichern beginnen zu können, muss der Klettergurt trotzdem am Einstieg angelegt werden. Man klettert nicht übereinander, um ein Mitreißen im Sturzfall zu verhindern.

Ist man alleine unterwegs und möchte sich trotzdem sichern, funktioniert das nur mit einem Grigri, Silent Partner oder Soloist, einer Art Seilbremse für den Vorstieg. Hierzu wird das Seil am Stand fixiert, durchs Selbstsicherungsgerät geführt, ein Sackstich ins Seil geknüpft und mit Einhängen von Zwischensicherungen geklettert (Zak, 2010). Oben angekommen, wird das Seil fixiert, abgeseilt, das Sicherungsgerät gelöst und mit Steigklemme wieder aufgestiegen. Dieses Verfahren ist zeitaufwändig und nur für Experten geeignet!

Auf Graten und in leichten Flanken kann am kurzen Seil gegangen werden. Beide Kletterer verkürzen das Seil und gehen gleichzeitig. Um einen Ausrutscher halten zu können, braucht es sehr viel Erfahrung, ein richtiger Sturz ist in der Regel nicht zu halten! Nur in Gehgelände ist diese Methode gefahrlos und dazu schneller als Sichern oder Ausbinden. Am schnellsten nehmen beide Kletterpartner das

Abb. 74: Gehen am abgebundenen kurzen Seil

Seil in Schlingen um die Schulter auf und lassen ca. 3 bis 5 m Seil übrig. Eine Seilschlaufe wird hinter dem Seil und durch den Anseilring geführt. Zur Verhinderung einer Strangulation im Sturzfall wird ein Kreuzschlag um das Partnerseil geknüpft und dieser mit Karabiner oder zweitem Knoten hintersichert.

Etwas sicherer ist ein laufendes Seil, bei dem beide Kletterer gleichzeitig am langen Seil (Abstand ca. 10 m) klettern, z.B. auf leichten Blockgraten ohne Steilaufschwünge, und dabei Zwischensicherungen einhängen. Der Vorsteiger verkürzt das Seil (s.o.) und nimmt alles Material mit. Die Mittelleute binden sich mit einer kurzen Seilweiche ein (☞ Dreierseilschaft, S. 117) und der Letzte bindet sich direkt ein. Das Seil wird abwechselnd links und rechts um Felsköpfl geführt und mobile Sicherungen angebracht, besonders vor und nach schwierigen Stellen. Bei mehreren Partnern (Abstand ca. 5 bis 10 m) hängen die Mittelleute die Sicherungen hinter sich wieder ein, der Letzte entfernt sie. Das Seil sollte straff gehalten werden, da sonst ein Ausrutscher jemanden aus dem Stand reißen könnte.

Abb. 75: Laufendes Seil mit Rope-man an der Zwischensicherung (kk)

Alternativ können kleine Steigklemmen, z.B. Tiblocs von Petzl (Seil muss durch den Karabiner laufen) oder Ropemans von Wild Country (die Drahtschlinge muss durch den Karabiner laufen, jedoch nicht das Seil), eingehängt werden, dann wird ein Sturz des Nachsteigers blockiert, ohne den Vorsteiger aus dem Stand zu reißen. Spätestens wenn der Nachsteiger die letzte Rücklaufsperre erreicht hat, installiert der Vorsteiger eine weitere oder macht Stand.

Beim gestaffelten Klettern wird wechselnd am laufenden oder kurzen Seil gegangen und in den Schlüsselseillängen mit Standplätzen gesichert. Für die richtige Seilverkürzung muss die Länge der zu sichernden Passagen abgeschätzt werden. Reicht das Seil nicht bis zum Stand, werden einige Schlingen von der Schulter genommen und neu abgebunden. Mehrere Nachsteiger können nach dem Paternoster-Prinzip nacheinander hoch gesichert werden. Ist Steinschlag unwahrscheinlich, der Fels solide und das Gelände sehr leicht, kann ein versierter Vorsteiger auf seine Vorstiegssicherung verzichten. Das kann enorm Zeit sparen, vor allem wenn ein unerfahrener Nachsteiger nicht schnell genug Seil ausgeben kann. Zudem müssen die Standplätze mit mobilen Sicherungsmitteln nicht nach unten gesichert werden. Vorstiegsstürze dürfen in diesem Fall jedoch nicht passieren!

Tipp: Besonders auf langen Touren oder Enchaînements (Begehungen mehrerer Routen hintereinander) bringt der Zeitgewinn mehr Sicherheit als der Sicherheitsverlust beim gleichzeitigen oder gestaffelten Klettern. Besteht Mitreiß- oder Absturzgefahr mit freiem Hängen im Seil, gilt dies nicht!

Die Installation von Fixseilen kommt nur bei Gruppen in Frage, wenn man kurze schwere Stellen oder einen Quergang im Auf- und Abstieg begeht. Das untere Ende wird für die Verwendung einer Prusik gespannt, ansonsten für eine Steigklemme locker fixiert. Degengriff, Bandschlingenklemmknoten (Prohaska) und Karabinerklemmknoten sind auch für den Abstieg geeignet. Sofern das Fixseil nicht abgespannt und ohne Knoten ist, wird abgeseilt. In Quergängen sichert man sich mit einer normalen Selbstsicherung am Fixseil.

Abb. 76a:
Degengriff

Abb. 76b: Bandschlingenklemmknoten (links unten),
Abb. 76c: Karabinerklemme (rechts unten)

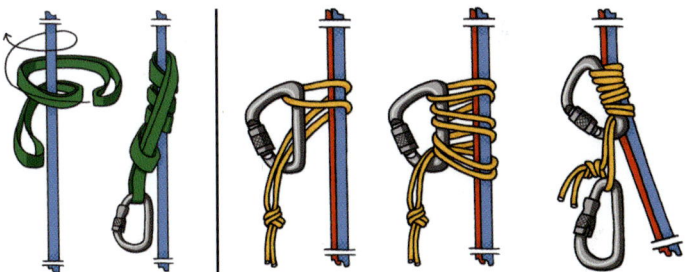

Tipp: Alte Fixseile können aufgescheuert, von Steinschlag beschädigt oder in der Verankerung geschwächt sein! Die Karabinerklemme sollte nicht direkt im Karabiner belastet werden.

Wie bei allen Aktivitäten im Gebirge und in höheren Wänden ist grundsätzlich auf gutes Schuhwerk für die Zu- und Abstiege zu achten. Oft genügen Turn- oder Zustiegsschuhe mit Profilsohle. Fürs Alpinklettern sind richtige Bergstiefel zwingend, da der Zugang über Schnee, Geröll oder Gletscher führen kann. Wird nicht abgeseilt, sondern abgestiegen, müssen die Stiefel auch während des Kletterns im Rucksack mitgeführt werden. Das Klettern direkt mit schweren Stiefeln und eventuell Steigeisen kommt heutzutage nur noch auf Hochtouren, in Eiswänden oder in extrem kalten Regionen in Frage. Für diese Aktivitäten ist unbedingt ein Kurs zu besuchen!

Tipp: In steilen Zu- und Abstiegen sparen Trekkingstöcke Kraft und schonen die Kniegelenke.

Für Ihre eigene Sicherheit melden Sie sich vor Touren ab und an bzw. tragen sich in Hütten-, Wand- und Gipfelbuch ein. Es lohnt sich, das Topo, ein Foto und die Beschreibung vor der Tour intensiv zu studieren und die geplante Route mit dem Fernglas nachzuvollziehen! Locals oder Hüttenwirte haben oft wertvolle Infos.

Tipp: „Bergundsteigen" ist eine Zeitschrift über Sicherheit und Risiken im Bergsport. Der DAV-Sicherheitskreis betreibt Forschung in Sicherheitsfragen (✏ sicherheit@alpenverein.de).

Klettertechnik

Dynamisches Klettern (s)

Beim Klettern gibt es keine vorgeschriebenen Bewegungsabläufe. Allein die Schwerkraft, das Spiel mit dem Gleichgewicht und die Krafteffizienz bestimmen die Klettertechnik. Ein mir unbekannter Kletterer formulierte einst: „Wenn du einmal nicht mehr weiterweißt, dann hilft nur noch spreizen, bis die Hose reißt." Auch wenn er mit dieser flapsigen Feststellung nicht ganz Unrecht hatte, so ist unter einer ausgefeilten Klettertechnik doch etwas anderes zu verstehen.

Es kommt nicht nur darauf an, gelernte Techniken auszuführen, sondern Qualität in die Bewegungsmuster zu legen, d.h. Gleichgewicht, Körperspannung, Dynamik und Präzision. Erst dann können Bewegungen krafteffizient und ästhetisch ausgeführt werden. Prinzipiell sind beim Klettern folgende koordinative Fähigkeiten gefordert (Meinel & Schnabel, 2007):

▷ Reaktion: Auf Signale und Reize im Routenverlauf (z.B. Griffe oder Sicherungen) schnell reagieren und die geistige Reaktion in eine motorische umwandeln.

▷ Umstellung: Den geplanten Bewegungsablauf aufgrund veränderter Situation anpassen oder neu definieren.

▷ Orientierung: Sich räumlich an eine Kletterroute sinnvoll anpassen.

▷ Differenzierung: Feinmotorische Abstimmung durch das Bewegungsgefühl.

▷ Kopplung: Einzelne Teilkörperbewegungen zeitlich und räumlich koordinieren, um die Zielbewegung bestmöglich auszuführen.

▷ Gleichgewicht: Körper und Gliedmaßen ausbalancieren.

▷ Rhythmisierung: Körperbewegungen einem Rhythmus anpassen, wie etwa beim Tanzen. Musik beim Klettern fördert Konzentration und Inspiration.

Allgemeine Klettertechniken

Eine gute Klettertechnik zeichnet sich durch präzise, kraftsparende, ökonomische und vor allem automatisierte Kletterbewegungen aus, welche nur an den entscheidenden Stellen dynamisch und/oder kraftintensiv sind. Eine der wichtigsten Fähigkeiten ist eine gute Auge-Hand-Fuß-Koordination.

Jeder Kletterer wird Schlüsselpassagen auf eine andere Art und Weise klettern, da der Körperschwerpunkt (KSP) bei jedem etwas anders liegt und z.B. mit langen Beinen und einem schweren Körper manche Techniken nicht so eingesetzt werden können wie

Hände und Füße gleichermaßen im Einsatz (s)

bei kleinen und leichten Kletterern und umgekehrt. Der KSP ist immer so zu verlagern, dass eine Hand bzw. ein Fuß frei wird und weiterbewegt werden kann. Ist der KSP falsch positioniert oder kann er nur ungünstig positioniert werden, so braucht man durch die instabile Position (☞ Stabilisieren der Offenen Tür, S. 148) mehr Kraft oder rutscht womöglich durch mangelnde Körperspannung ab. Ohne gute Technik können Sie Ihre Kraft nicht an die Wand bringen!

Tipp: Meistens bringt ein Umstellen der Füße mehr als verzweifelt nach Griffen zu suchen. Vermeiden Sie überstreckte Positionen, da diese anstrengend sind und dabei der Überblick verloren geht!

Übung: An der Leistungsgrenze hat man gar keine Zeit mehr, bewusste Entscheidungen zu treffen. Nur die unbewusste Ausführung der Techniken spart Zeit und Kraft. Üben Sie daher alle Klettertechniken der folgenden Kapitel gezielt in einer einfachen Route. Nur wenn Sie systematisch experimentieren und eine Technik ganz oft üben, d.h., nach dem Prinzip „trial and error" probieren und lernen, werden Sie gut darin! Nebenbei lernen Sie so auch, dass man Schlüsselstellen zunächst technisch zu lösen versucht und dann erst Kraft anwendet.

Kletterphasen

Jeder Kletterzug („Move")
gliedert sich in drei Kletterphasen (Semmel, 2005):
Vorbereitungsphase, Hauptphase (Greifphase) und Endphase (Stabilisierungsphase).
In der Vorbereitungsphase
befindet sich der Körper im
Gleichgewicht, man steht
z.B. mit gestreckten Armen
stabil auf zwei Tritten. Der
Zielgriff und die zu ihm führende Bewegung werden
kurz mental visualisiert und
verinnerlicht. Die Kletterbewegung wird dann durch
günstige Positionierung des
Körpers (z.B. Eindrehen,
Froschtechnik) oder Verlagerung des in der Nähe des
Bauchnabels liegenden KSP

*Abb. 77 (o.): Phase 1: Der KSP wird über
einen Tritt bzw. unter einen Zielgriff ver-
schoben und mit dem Tretfuß unter den
Zielgriff getreten*
*Abb. 78 (u.): Phase 2: Druck auf den
Standfuß und Weitergreifen zum Zielgriff*

über einen Tritt (Verschieben der Hüfte) bzw. Tau-
chen unter einen Zielgriff vorbereitet. Das Steigen
und Treten mit dem unbelasteten Tretfuß, auch
Tretbein oder Spielbein genannt, unter den Zielgriff
ist ebenfalls noch Bestandteil der Vorbereitungsphase.

In der Hauptphase wird weitergegriffen. Ist die
Hüfte in der Vorbereitungsphase optimal platziert,
wird das Greifen mit Druck des Standfußes auf den
Tritt eingeleitet. Dann wird mit beiden Händen
anblockiert und mit der Greifhand zum Zielgriff
gezogen.

In der Endphase wird versucht, den Kletterzug unter Kontrolle zu bringen, d.h. zu stabilisieren. Nun kann der zweite Fuß auf einen Zieltritt höher gestellt oder z.B. zur Stabilisierung ausgespreizt oder gekreuzt werden. Bei dynamischen Kletterzügen muss der Schwung durch Körperspannung abgefangen und ausgeglichen werden, eventuell muss der KSP durch eine ganz neue Platzierung der Füße verlagert werden. Es findet also eine Überleitung von der Kletteraktion der Hauptphase zurück in einen Gleichgewichtszustand statt. Nun kann direkt in eine neue Kletterbewegung (Weitergreifen mit der zweiten Hand) übergegangen werden oder, sofern ein Rastpunkt erreicht wurde, kurz ausgeschüttelt werden, bevor die nächste Aktion vorbereitet wird.

Tipp: Eine Endphase ist eine günstige Position, um zu klippen, da der Körper stabilisiert wurde und daher mit einer Hand losgelassen werden kann.

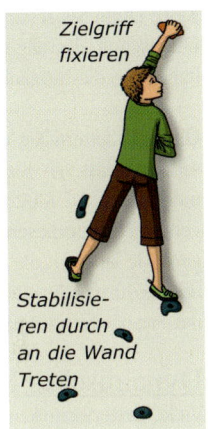

Zielgriff fixieren

Stabilisieren durch an die Wand Treten

Abb. 79: Phase 3: Stabilisierung durch Treten mit dem zweiten Fuß, z.B. auf Reibung

Übung: Gehen Sie während des Kletterns in Gedanken die einzelnen Kletterphasen durch. Ziel ist es, diese Phasen bewusst anzuwenden. Sie lernen dadurch viel über Ihren Kletterstil und können ihn ökonomisieren.

Statisches Klettern

Traditionell ist der Klettersport durch das statische Klettern nach der Abfolge Bewegung der Gliedmaßen - Versetzen des Körpers - Stabilisierung des Körpers geprägt. Die Dreipunkttechnik ist eine Grundtechnik im Klettern. Nach der Dreipunktregel müssen immer drei Haltepunkte (Hände oder Füße) an der Wand sein. Dadurch entsteht der Eindruck, als ob bei jedem Kletterzug eine kurze Pause erfolgen würde. Es werden nur Griffe verwendet, die ohne Springen erreicht werden können. Der Vorteil dieses Stils ist die Rückzugsmöglichkeit zu jedem Zeitpunkt. Statisches Klettern als vollständig reversible Klettertechnik ist bei schlechter Absicherung auf Mehrseillängen-Routen und bei Onsight-Versuchen wichtig.

Tipp: Üben Sie reversibles Klettern durch Abklettern von leichten Bouldern. Dies schult das allgemeine Körpergefühl. In etwas schwierigeren Passagen haben Sie die Möglichkeit, neue komplexe Bewegungsmuster zu erlernen.

Übung: Klettern Sie eine für Sie mittelschwere Route so weit hoch, bis Sie merken, dass ein Kletterzug kommt, der wahrscheinlich irreversibel (nicht umkehrbar) ist. Klettern Sie vor diesem Punkt ab. In einem zweiten Schritt gehen Sie über diesen Punkt hinaus und versuchen, erneut abzuklettern. Steigern Sie langsam die Schwierigkeiten. Diese Übung ist eine optimale Vorbereitung für ein Ausdauertraining, bei welchem Routen mittlerer Schwierigkeit mit Aushängen der Expressen komplett abgeklettert werden.

Dynamisches Klettern

Viele Klettertechniken können in schwierigen Routen meist nur in dynamisch abgewandelter Form ausgeführt werden, da das Loslassen eines Griffes mit Wegkippen von der Wand und einem Sturz verbunden wäre oder der Griffabstand zu groß ist. Ein Dynamo (Dyno) ist eine Technik, bei der ein Griff durch Anspringen oder durch Schnappen (hoch „feuern" und dynamisch abfangen), meist aus einer instabilen Position heraus, erreicht wird. Bei diesem kraftbetonten, athletischen Kletterstil dienen die Füße, im Gegensatz zum statischen Kletterstil, oft nur zum Halten des Gleichgewichts über Reibung. Beim dynamischen Klettern leitet die Endphase der letzten Bewegung direkt in die Vorbereitungsphase des nächsten Kletterzugs, daher verschmelzen die einzelnen Kletterphasen und es gibt keine Pause. Ungünstige, Kraft raubende Positionen können so schneller wieder verlassen werden. Dynamisches Klettern nach dem Motto „Wenn die Reichweite mal wieder versagt, wird einfach hochgejagt", ist deshalb das i-Tüpfelchen jeder Klettertechnik.

Tipp: Besonders an Slopern, wo man nicht richtig ausholen kann, muss schnell und explosiv beschleunigt werden.

Allerdings sind Dynamos meist irreversibel, d.h., ein verfehlter oder nicht gehaltener Griff bedeutet einen Sturz. Um sich Dynamik zuzutrauen, ist daher ein Sturztraining sinnvoll (☞ Sturztechnik, S. 92). Die Kontaktkraft, um einen Dynamo zu halten, hängt direkt von der Maximalkraft der Finger und Arme ab. Ein Sturz ist aber auch bei einem gehaltenen Griff möglich, wenn man in eine zu starke Pendelbewegung gerät und diese nicht mehr abfangen kann. In jedem Fall ist nach einem geglückten Dynamo der Rückzug zu einem unterhalb gelegenen Ruhepunkt kaum mehr möglich.

Viele Kletterer bewegen sich nur dann dynamisch, wenn es aus Gründen der Reichweite statisch nicht mehr geht oder wenn keine Kraft mehr da ist. Dies ist nicht krafteffizient, da statische Züge zwar präziser, aber langsamer sind und eine hohe Körperspannung über eine längere Zeit erfordern. Dies können, wenn überhaupt, nur ausgeprägte Kraftausdauertypen. Es gilt daher: So viel Dynamik wie möglich, so wenig Statik wie nötig. Für den Maximalkrafttypus ist schneller immer besser!

Ein guter Kletterfluss (Flow) bedeutet, dass nicht nach jedem Zug kurz angehalten und stabilisiert, sondern direkt in die nächste Bewegung geschmeidig übergeleitet wird. In diesem dynamischen Gleichgewicht wird in der Summe mehr aus den Beinen heraus gearbeitet und durch die kürzere Kontaktzeit viel Fingerkraft gespart. Dieser fließende Kletterstil verschiebt die Leistungsgrenze nach oben und ist dem statischen Kletterstil unbedingt vorzuziehen. Achtung: Beim dynamischen Klettern ist Mut und Kompromisslosigkeit gefordert, denn Zaghaftigkeit oder Zögern, auch nur für den Bruchteil einer Sekunde, führt nicht zum Erfolg! Nur wer daran glaubt und unbedingt den Griff halten will, wird es schaffen!

Tipp: Die Beschleunigung wird durch Spannungsaufbau am unteren Griff unterstützt. Lösen Sie die Hand am unteren Griff so spät wie möglich!

Ein Dynamo wird in mehrere Phasen untergliedert: In der Beschleunigungsphase wird mit einer Ausholbewegung des Beckens, einer Gegenbewegung nach unten mit Muskelvorspannung, Schwung geholt. Der Impuls selbst und die schnellkräftige Bewegung in Richtung Zielgriff muss dann überwiegend aus den Beinen herausgedrückt werden. Nach der Anvisierung des Zielgriffs in der Flugphase werden die Finger richtig sortiert und Beine bzw. Arme zur kompletten Streckung gebracht. Nach präzisem Zupacken wird in der Stabilisierungsphase der Schwung abgefangen. Hierzu hilft es, mit Kopf und

Oberkörper etwas nach hinten zu gehen oder ein Bein als Auffangpendel zu nutzen. Am besten überlegt man sich vorher, wohin es den Körper drehen könnte.

An kleinen Griffen ist ein in der Stärke richtig gewählter Schwung bis knapp über dem Zielgriff besonders wichtig. Entscheidend ist der „Totpunkt" (Deadpoint). In diesem Umkehrpunkt der Bewegung ist für sehr kurze Zeit die Schwerkraft gleich null und nicht spürbar. Dieser Scheitelpunkt ist der ideale Zeitpunkt zum Festhalten! Der Schwung aus dem ersten Zug kann gegebenenfalls in einen weiteren Kletterzug übertragen werden.

Tipp: Der Schwung kommt meist aus den Beinen oder der Hüfte. Aber auch ein Ausholen mit dem Arm nach hinten wie ein Schwungpendel oder ein Anziehen mit Brust und Kopf ist möglich. Oft kommt die Dynamik auch aus der Seitdrehung des Körpers beim Eindrehen oder Kreuzgreifen. Nur wenn es gar nicht anders geht, wird der Schwung aus dem Oberkörper - aber niemals aus der Schulter - geholt!

Dynamisches Klettern wird durch Ausnutzung einer „Wellenbewegung" erleichtert, da die Muskeln die Beschleunigung der vorherigen Bewegung mitnehmen und der Totpunkt leichter erreicht wird. Diese Technik ist etwas schwieriger zu erlernen, bringt aber deutliche Vorteile in Überhängen. Die „Welle" erfordert ein gutes Körpergefühl und Hüftbeweglichkeit.

In der Ausgangsphase befindet sich die Hüfte senkrecht unter den Griffen, die Arme sind gestreckt. Die Hüfte wird leicht abgesenkt, die Schultermuskulatur muss gleichzeitig entspannt sein. Nun wird der Körper aus der Hüfte heraus zur Wand hin beschleunigt.

Der Oberkörper wird nun wie in einem Wellenverlauf nachgezogen und in der Verlängerung der Bewegung wird dann mit einem Arm weitergeschnellt und mit der Hand der Zielgriff geschnappt. In diesem Moment ist die Schwerkraft gleich null und der ganze Körper befindet sich sehr nahe an der Wand, wodurch eine hohe Körperspannung aufgebaut werden kann. Auf Hände und Füße kann nun hoher Druck ausgeübt werden.

Abb. 80: Beschleunigungsphase, Flugphase und Stabilisierungsphase

Bei Doppeldynamos werden beide Arme zugleich und explosionsartig zum selben, rettenden Griff hin beschleunigt. In diesem Fall kommt es häufig vor, dass beide Beine nicht an der Wand gehalten werden können. Daher muss der Schwung schnell abgefangen werden und die Füße so schnell wie möglich auf neue Tritte gestellt werden. Es empfiehlt sich, diese Technik zunächst an großen Griffen gut einzuüben, da dynamische Kletterzüge ein erhöhtes Verletzungsrisiko bedeuten! Daher ist gutes Aufwärmen, besonders der Schultern, sowie das Greifen von oben (☞ Verletzungsprophylaxe und Schonhaltungen, S. 176) wichtig.

Ein Dynamo darf nie ruckartig an ausgestreckten Armen oder gar aus den Armen heraus durchgeführt werden, da hektische Bewegungen schädlich für Schulter- und Ellbogengelenk sind. Eine runde, weite Ausholbewegung, wellenartig über den Rücken, ist viel gesünder, kostet weniger Kraft und schont die Finger beim Fixieren des Zielgriffes.

Tipp: Zwingende Dynamos sind meist nur an Einzelstellen oder beim Bouldern erforderlich - oft funktionieren dynamische Züge auch statisch. Durch Eindrehen oder Durchstützen (s.u.) kann mit guter Kraftfähigkeit der Körper langsam zum Zielgriff bewegt werden. Dies ist im Onsight-Versuch jedoch nicht immer offensichtlich, da solche Passagen oft komplex und boulderartig sind. Um also die Chancen im Onsight zu erhöhen, sollten Sie unbedingt das dynamische Klettern systematisch trainieren. Manchmal ist „nur" ein letztes Zuschnappen nach primär statischer Fortbewegung erforderlich.

Übung: Suchen oder definieren Sie sich einen Boulder mit einem dynamischen Kletterzug und großen Zielgriffen. Die Tritte sollten ungünstig platziert werden, sodass der KSP zwingend aus der stabilisierten Position genommen und der Zielgriff durch einen Sprung erreicht werden muss. Üben Sie, die Zielgriffe genau im toten Punkt der Bewegung zu erwischen. Auch das Springen von einer Wand zur anderen ist eine gute Übung. Bei einem Doppeldynamo versuchen Sie vor dem Erreichen des Zielgriffes in die Hände zu klatschen.

Sehr effektiv ist einarmiges oder einbeiniges Klettern, auch in Querungen. Am besten halten Sie einen Arm hinter dem Rücken, zur Seite oder nach oben und schnappen mit der freien Hand dynamisch weiter. Versuchen Sie die Griffe exakt und sauber zu erwischen und möglichst wenig Kraft zum Stabilisieren zu verbrauchen. Training am Campusboard ist für das dynamische Klettern ebenfalls sehr gut geeignet.

Frontales Klettern und Diagonalisieren

Bei der Frontaltechnik befinden sich Hüfte und Schulter parallel zur Wand. Um den nächsten Kletterzug zu machen, muss der Haltearm (Blockierarm) gebeugt werden. Diese Klettertechnik ist traditionell entstanden und eher unökonomisch. Allerdings ist sie immer noch notwendig, denn Trittlöcher erlauben manchmal kein seitliches Antreten.

Bei stabilem Stand mit beiden Füßen liegt der KSP zwischen den beiden Tritten. Wird diese Stellung beim frontalen Klettern verlassen, muss der KSP (also die Hüfte bzw. der Bauch) über die Tritte und möglichst nahe an die Wand geschoben werden. Dieser Sachverhalt kann durch ein leichtes Pendelgewicht, welches mit einer Reepschnur hinten am Klettergurt befestigt wird, verdeutlicht werden. Hängt das Gesäß weit nach hinten, hängt das Pendel weit weg vom Standbein und der KSP befindet sich jenseits von Gut und Böse.

Eine wichtige Grundregel beim frontalen Klettern ist das Diagonalisieren. Die diagonale Kletterstellung produziert automatisch Spannung im Körper, überträgt die Kraft zwischen gegenseitigen Haltepunkten, z.B. der Hand rechts oben und dem Fuß links unten, und verhindert so die Ausbildung eines Drehpunkts, welcher eine „Offene Tür" (s.u) verursacht. Der Körper kann beim Diagonalisieren wie eine Zange eingesetzt werden. Bei Unter- oder Seitgriffen ist diese Körperzange auch zwischen zwei Händen möglich.

Zur Technik: Man klettert eine Route mit immer nur zwei Haltepunkten an der Wand, z.B. greift nur die linke Hand und der rechte Fuß wird diagonal gestellt. Linkes Bein und rechter Arm können frei hängen (☞ Eingependelte Position, S. 158). Ökonomisches Eindrehen (☞ Seitlich Klettern und Eindrehen, unten) und kurzes, kraftsparendes Blockieren folgt nun fast automatisch.

Kann nicht eingedreht werden, erfolgt Blockieren mit der Hand und gleichzeitiges kraftvolles Hochdrücken aus dem Bein heraus. In schwierigen Routen kommt diese Situation häufig vor und geht meist in dynamisches Klettern über.

Tipp: Machen Sie eher kleine Schritte. Weites Überstrecken oder Ausspreizen sind zu vermeiden, da diese Stellungen oft schwierig aufzulösen sind. Achten Sie auf die Diagonalität in den einzelnen Kletterphasen.

Übung: Klettern Sie zunächst eine vertikale Route nur frontal, völlig ohne Eindrehen. Anschließend klettern Sie dieselbe Route nur mit Eindrehen (☞ Seitlich Klettern und Eindrehen, unten). Vergleichen Sie beide Durchgänge hinsichtlich Hüftbewegungen, Reichweite und Kraftaufwand. Im waagerechten Dach halten Sie sich nur am linken Arm und am rechten Bein und wechseln von dieser Position aus zum rechten Arm und linken Bein usw.

Seitliches Klettern und Eindrehen

Die moderne Eindrehtechnik spart im Gegensatz zur frontalen Klettertechnik oft Kraft und bietet sich besonders bei Seit- und Untergriffen an. Mit dem Eindrehen, also dem Zuwenden der Körperseite und der Schulter zur Wand, können auch große Griffabstände effizient überwunden werden. Durch die Seitdrehung wandern die Hüfte und der KSP automatisch näher an die Wand, in der Folge wird auf die Füße mehr Gewicht verlagert und die Arme werden bei gleichzeitig größerer Reichweite weniger beansprucht. Achtung: Eine zu starke Ausnutzung der Reichweitenvergrößerung führt zum Verlust eines sicheren Standes mit den Füßen.

Abb. 81: Das Prinzip des Eindrehens

Um optimal eindrehen zu können, sind abwechselnd rechts und links gerichtete Seitgriffe optimal. Man tritt mit dem rechten Fuß am besten in Falllinie der linken Hand (Seitgriff am langen Arm) an, und zwar mit dem Außenrist. Der rechte Fuß und die linke Hand tragen nun die Hauptlast. Der linke Fuß wird zur Stabilisation platziert, der Körper und die Hüfte nach links gedreht, sodass der rechte Rückenbereich fast die Wand berührt. Leiten Sie die Greifphase durch eine Hüftbewegung über die Füße zur Wand hin ein. Der Körper rotiert nun in einer vertikalen Ebene um den Seitgriff in der linken Hand, der rechte Fuß katapultiert bzw. drückt den Körper mit Schub nach oben und die freie rechte Hand greift weiter. Beim Eindrehen im Wechsel wird dann der Körper sofort in die andere Richtung eingedreht, der linke Fuß etwa in Falllinie der rechten Hand mit dem Außenrist aufgesetzt und mit der linken Hand weitergegriffen.

Tipp: Lassen Sie, wenn möglich, beim Eindrehen den Haltearm gestreckt. Eine eingedrehte Position kann auch eine gute Klipp- oder Rastposition sein. Halb eingedrehte Positionen, also Stellungen im leichten Winkel zur Wand hin, kommen häufig vor und sollten als Bewegungsmuster abgespeichert werden. Extremes Eindrehen sollte nicht ständig zur Anwendung kommen, weil es den Innenmeniskus belastet (Hochholzer & Schöffl, 2009).

Übung: Klettern Sie einen leichten Wandbereich in der Halle unter Ausnutzung aller Farben stets seitlich eingedreht nach oben. Versuchen Sie dies in einem zweiten Schritt in einem überhängenden Wandbereich. Wenden Sie die Eindrehtechnik bewusst und ständig an, denn im Überhang wirkt Eindrehen besonders kraftsparend! Achten Sie darauf, die Hüfte stets so nah wie möglich an die Wand zu drehen und dann erst den Oberkörper korkenzieherartig einzudrehen. Versuchen Sie mit Kreuzzügen Eindrehpositionen zu provozieren. Üben Sie Eindrehen im Wechsel!

Knie anlegen und Froschtechnik

Die Froschtechnik ist eine Mischform aus frontaler und eingedrehter Klettertechnik. Die Arme sind am besten gestreckt, dann tritt man mit den Füßen seitlich auf zwei Tritten nach oben, wobei die Knie angewinkelt und die Beine rechts und links froschartig weggeklappt werden, sodass man mit der Hüfte und dem KSP sehr nahe an die Wand kommt. Dies setzt eine sehr gute Hüftbeweglichkeit voraus. Hüfte und Schulter sind parallel zur Wand positioniert.

Wird nur ein Knie angelegt, spricht man vom „einseitigen" Frosch. Beim „aufgehockten" Frosch setzt man sich mit dem Gesäß auf eine oder beide Fersen ab, sodass eine starke Entlastung der Arme und Ausschütteln möglich wird.

Abb. 82: Die Froschtechnik spart Kraft und erhöht die Reichweite

Die Froschtechnik ist vor allem bei weiteren Griffabständen oder bauchigen Passagen sinnvoll, da die Reichweite erheblich erhöht wird. Die Froschposition wird folgendermaßen aufgelöst: Stehen Sie über die Füße auf und ziehen Sie sich nicht an den Armen nach oben.

Sobald die Beine gestreckt sind, kann mit den Armen mit großer Reichweite weitergegriffen werden. Die Froschposition kann auch gut zur Einleitung eines Dynamos genutzt werden.

Tipp: Die Froschtechnik ist die kraftsparendste Position beim Klettern! An Kanten können die Beine rechts und links angepresst werden. So wird noch mehr Reibung aufgebaut.

Übung: Versuchen Sie in einer Route die Froschtechnik so oft wie möglich einzusetzen. Sie werden erstaunt sein, wie oft das möglich ist und wie viel Kraft sich sparen lässt.

Stabilisieren der Offenen Tür

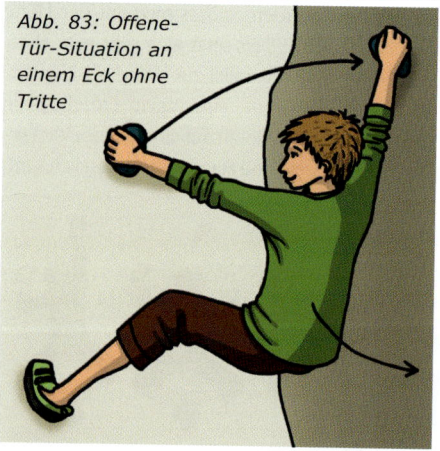

Abb. 83: Offene-Tür-Situation an einem Eck ohne Tritte

Der ultimative Kraftkiller ist die Offene Tür, bei der an senkrechten bzw. überhängenden Stellen ein seitliches Wegkippen des Körpers von der Wand weg ausgelöst wird, weil Hand und Fuß derselben Seite belastet sind, aber der Griff weiter außen liegt als der Tritt. Oft ist ein Sturz die Folge. Die Offene Tür droht besonders, wenn Griffe und Tritte weniger werden, sprich die Dreipunktregel nicht einzuhalten ist, oder die Füße ungünstig platziert sind.

Manchmal erhält man eine bessere Position, wenn man nur einen Fuß setzt (unter den KSP) und das andere Bein seitlich gestreckt gegen die Wand drückt. Ist eine Kante in der Nähe, so kann man an Stabilität gewinnen, wenn man den Fuß um die Ecke hookt.

Tipp: Die Offene Tür kann auch durch ein angelegtes Knie, mit einem Ägypter (☞ Ägypter, unten) und durch Hinter- oder Vorderkreuzen (☞ Frontales Antreten, S. 184) stabilisiert werden.

Übung: Definieren Sie sich ein Boulderproblem mit einer Offenen Tür. Verwenden Sie Lösungen wie Trittwechsel, Hooken und Beine-Scheren. Zum Schluss suchen Sie nach einer dynamischen Lösungsmöglichkeit.

Ägypter

Der Ägypter („Dropknee") ist Teil der Eindrehtechnik. Der Name Ägypter stammt von der Körperposition der Menschen auf altägyptischen Wandgemälden mit rückseitig angewinkeltem Bein. Diese Technik kann vor allem in Offene-Tür-Positionen, in Überhängen und bei Schulterzügen kraftsparend angewendet werden.

Üblicherweise ist das rückseitige Bein innen und der Fuß tritt dort mit dem Außenrist an, während der nach vorne zeigende Fuß auf dem Innenrist steht. Durch die Rotation des Knies nach innen und unten kann enorm Druck auf den Fuß gebracht werden. Es kann auch soweit rotiert werden, dass letztlich ein Toehook gesetzt

Abb. 84: Ägypter in einer Offene-Tür-Position

werden kann (☞ Hohes Antreten, S. 185). Der KSP wird seitlich zur Wand hin verschoben. Die Hand, welche im Moment der größten Entlastung mit großer Reichweite weitergreift, ist immer diejenige über dem angewinkelten Bein.

Die Anwendung stellt durch die extreme Belastung der Bänder ein Risiko für das Knie dar. Wenn Sie bereits Knieprobleme haben, sollten Sie auf den Ägypter verzichten!

Tipp: Es kann hilfreich sein, das rückseitige Bein zunächst frontal aufzusetzen und erst dann einzudrehen, indem der Fuß auf dem Tritt gedreht wird.

Übung: Versuchen Sie im senkrechten Gelände wie auch in Überhängen den KSP durch Hüftbewegung möglichst nah an die Wand zu bringen. In Offene-Tür-Positionen sollten Sie den KSP zur Drehachse hin verlagern.

Piaztechnik

Die Piaztechnik („Dülfern") ist eine Gegendrucktechnik für Risse, Schuppen, Verschneidungen und Kanten unter Verlagerung des KSP nach hinten. Daher ist piazen kraftraubend (besonders beim Klippen) und sollte nur dann eingesetzt werden, wenn es keine andere Möglichkeit gibt. Besonders an trittlosen Abschnitten macht diese Klettertechnik Sinn. Am besten setzt man die Piaztechnik nur abschnittsweise ein. Sobald wieder Tritte zur Verfügung stehen, wird der KSP wieder an die Wand gebracht.

Abb. 85: Das Prinzip der Piaztechnik

Zur Technik: Die Arme werden gestreckt und die Hände halten z.B. die Kante eines Risses oder einer Felsschuppe. Mit den Füßen wird dann an die Wand dahinter auf Reibung angetreten. Durch Zug mit den Armen kann so Druck auf die Füße gebracht werden. Der KSP sollte nicht zu weit nach hinten verlagert werden. Hände und Füße sollten sich nicht zu nahe kommen, aber auch nicht zu weit auseinander platziert werden. Im ersten Fall wird Armkraft verschwendet, im zweiten Fall muss stark auf Reibung angetreten werden, sodass die Gefahr besteht, aus dem Gleichgewicht zu kommen. Hände und Füße können simpel nachgesetzt oder besser überkreuzend eingesetzt werden.

Tipp: Spannen Sie zur Entlastung der Arme bewusst die Bauchmuskeln an. Treten Sie mit den Füßen am besten in Falllinie der Hände an, sonst droht ein seitliches Wegpendeln. In parallelen Rissen ist die Klemmtechnik meist ökonomischer.

Übung: Piazen Sie bewusst mit gestreckten Armen, sonst wird es sehr anstrengend! Ziehen Sie diese Technik bis zum Ende des Risses gnadenlos durch, wenn keine andere Technik möglich ist, denn zögerliches Agieren verlängert nur die Haltezeit!

Um die speziellen Kraftanforderungen zu trainieren, können Sie auch an einer glatten Mauer entlang hangeln und die Füße nur auf Reibung stellen.

Stemmtechnik

Die Stemmtechnik ist eine raupenartige Gegendrucktechnik, welche beim Kaminklettern angewendet wird. Sie ist zwar für reine Hallenkletterer praktisch bedeutungslos, in einigen Klettergebieten und beim Alpinklettern aber hin und wieder nützlich. In einen Kamin passt der ganze Körper hinein. Der Gegendruck wird zwischen den Extremitäten (Füße, Knie oder Hände an der einen Wand) und dem Rücken bzw. dem Gesäß (an der anderen Wand) aufgebaut. Durch den Rückenkontakt kann es sein, dass man regelrecht hochschrubbt.

Abb. 86a: Paralleles Stemmen

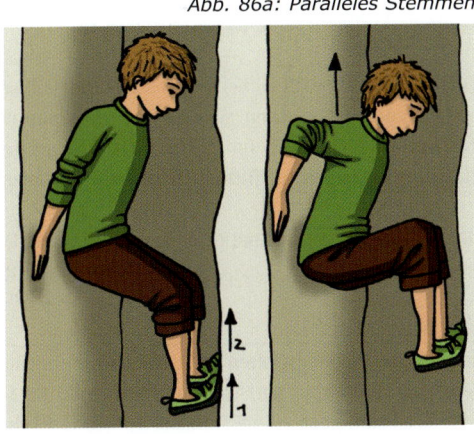

Paralleles Stemmen bedeutet, dass beide Füße auf der gegenüberliegenden Kaminwand verbleiben und abwechselnd höher gesetzt werden. Die Hände werden am besten auf Hüfthöhe rückseitig angepresst. Der Körperhub wird mittels Durchstützen

Abb. 86b: Wechselseitiges Stemmen

der Arme realisiert. Der Rücken muss dabei vom Fels gelöst und höhergerutscht werden. Mit den Füßen kann dann einfach nach oben gelaufen werden.

Wechselseitig Stemmen bedeutet, dass ein Fuß auf der einen Seite und der andere Fuß auf der anderen Seite des Kamins fortbewegt wird. Ein Arm kann vorderseitig auf der anderen Kaminseite aufgestützt werden. Die Füße wechseln im Zuge der Fortbewegung die Seiten.

Wird der Kamin enger, kann mit den Knien gedrückt werden. Mit beiden Händen wird vorderseitig gestützt. Die Fortbewegung wird insgesamt unangenehmer und langsamer. Am besten sucht man nach Griffen und Tritten im Kamin und setzte weitere Klettertechniken ein.

Tipp: Steigen Sie nicht zu tief in den Kamin hinein. Die Kletterei wird dadurch anstrengend und es kann schwierig werden, aus einem „Hundebahnhof" (Riss- bzw. Kaminerweiterung ohne Griffe) wieder herauszukommen (Krug, 2011). Ausspreizen auf Tritte ist besser als „Rampfen und Krampfen"!

Übung: Parallele Kamine mit einer Breite zwischen 50 und 100 cm sind ideal zum Üben.

Reibungstechnik

In geneigten Reibungsplatten sollte der KSP senkrecht über der Trittfläche liegen. Der Oberkörper darf daher nicht zu nahe am Fels sein. Getreten wird auf einer Platte generell mit frontaler Fußstellung. Um eine möglichst große

Fläche der Schuhsohle auf den Tritt zu bekommen, lassen Sie beim Reibungsklettern die Fersen eher etwas hängen.

Die Hände dienen nur der Stabilisation des Gleichgewichts. Sind die Platten nicht allzu steil, können diese regelrecht hochgerannt werden. Sind kleine Käntchen zum Festhalten vorhanden, kann der Oberkörper noch etwas weiter nach hinten genommen werden, sodass Sie mehr Druck auf die Füße bekommen.

Außerhalb der Reibungsplatten kann die Reibungstechnik in senkrechten Wandkletterein wichtig sein. Hier kommt es oft vor, dass ein geeigneter Tritt fehlt, sodass man nur mit einem oder zwei frontalen Reibungstritten als Zwischenlösung wei-

Abb. 87:
Das Prinzip
der Reibungs-
technik

terkommt. Diese Lösung ist nicht besonders elegant und kommt nur in Frage, sofern es keine andere, kraftsparendere technische Lösung gibt.

Tipp: Machen Sie möglichst viele kleine Schritte. Weite Schritte oder Spreizstellungen sind zu vermeiden. Vor dem Klettern können Sie die Schuhsohle mit einem Stein etwas anrauen, sodass sich der Reibungswert verbessert.

Übung: Suchen Sie die Felsstruktur nach Dellen und Vertiefungen ab. Dort sollten die Füße bevorzugt platziert werden. Tritt man von Vertiefung zu Vertiefung, können auch etwas größere Schritte sinnvoll sein. Klettern Sie zur Übung von wellenförmigen, dynamischen Bewegungen einhändig. Freihändig oder mit Stöcken in den Händen auf Reibung zu klettern schult die Gewichtsverlagerung und das Vertrauen in die Füße.

Stützen und Spreizen

Abb. 88: Stützen und Spreizen

„Tut der Fels mit Griffen oder Tritten geizen, hilft nur noch Stützen oder Spreizen". Diese Regel trifft besonders auf Verschneidungen zu, wo auch mit der flachen Hand am glatten Fels gestützt werden kann. Verschneidungen bestehen aus zwei mehr oder weniger rechtwinklig aufeinander treffenden Felswänden. Befindet sich im Verschneidungsgrund ein Riss, kann auch gepiazt werden (☞ Piaztechnik, S. 150).

Ebenso können Überhänge mit den Beinen ausgespreizt werden. Nicht selten können so brauchbare Rastpunkte gefunden werden. Durch Ausspreizen können auch trittlose Wandbereiche über Reibung genutzt werden, z.B. in Kaminen und Verschneidungen. Manchmal ist es jedoch knifflig, aus einer weiten Spreizstellung wieder herauszukommen.

In Verschneidungen sollten die Stützgriffe etwa auf Höhe der Hüfte und nicht zu nahe an der Verschneidung liegen. Bei Belastung des Stützgriffes kann der Fuß unter dieser Hand ohne Verlagerung des KSP weitergesetzt werden. An manchen Stellen kann eventuell mit beiden Händen gestützt werden. Selbst in senkrechten Wandklettereien kann oft kraftsparend mit der Hand und/oder angelegtem Ellbogen gestützt werden.

Einarmiges Stützen läuft folgendermaßen ab: Rechter Arm stützt, rechter Fuß wird höhergesetzt, rechter Arm wechselt auf Zuggriff, linker Arm stützt, linker Fuß wird weitergesetzt, usw. Stützen beide Arme, ergibt sich folgender Ablauf: rechter Fuß höher, rechter Arm höher, linker Fuß höher, linker Arm höher usw.

Tipp: Durch regelmäßige Dehnübungen, z.B. Spagat, erhalten Sie eine maximale Spreizfähigkeit. In brüchigem Fels ist vorsichtiges Stützen die sicherste Technik, trotzdem muss man nicht jeden Bruchhaufen geklettert haben …

Übung: Testen Sie einarmiges und beidarmiges Stützen in einer Verschneidung, danach in einer leicht überhängenden Verschneidung. Da viele Kletterer vergessen, zu stützen und zu spreizen, sollte der Sichernde auf diese Möglichkeiten hinweisen.

Schulterzüge

Durch Nutzung seitlich nach innen zu belastender Griffe muss bei einem Schulterzug diagonal Körperspannung aufgebaut werden. Diese Position wird im Französischen Gaston genannt. Meist ist es einfacher, in einen Gaston dynamisch hineinzuschwingen.

Tipp: Der Fuß unterhalb des Gastons muss nicht zwingend auf einem Tritt sein. Es genügt, ihn auf Reibung gegen die Wand zu stellen. Um Schulterverletzungen zu vermeiden, sollten Sie diese Technik nur vorsichtig trainieren und die Schulter- und Gegenspielermuskeln speziell trainieren.

Abb. 89: Schulterzug an einem Gaston

Übung: Am besten suchen Sie sich ein Boulderproblem mit mehreren Gastons hintereinander. Wichtig ist auch, das seitliche Verlagern von einem Schulterzug in den nächsten zu üben.

Durchtauchen

Beim Klettern geht es hauptsächlich darum, den KSP unter die Griffe zu bringen. So kann man optimal Druck auf die Tritte erzeugen und im Idealfall die Arme entlasten. Das Durchtauchen ist vor allem bei Boulderquergängen höchst effizient.

In Quergängen „kommen" einem die Füße recht schnell, sofern die Griffe klein und die Tritte schlecht sind. Oder man rutscht von den kleinen Griffen ab. Das Problem ist, dass man den schwierigsten Griff nach unten belasten muss, um ihn halten zu können. Der Trick ist also, irgendwie unter den Griff zu kommen - gegebenenfalls muss man sich dafür regelrecht zusammenfalten.

Beim Durchtauchen bleiben nun die Füße zunächst an Ort und Stelle und man klettert eingedreht nur mit den Händen weiter, z.B. mit Überkreuzen. Dies kann auch mit dem Rücken

Abb. 90: Das Prinzip des Durchtauchens in 3 Phasen

zum schlechten Griff hin erfolgen. Am schlechten Griff geht man tief und macht die Arme lang, evtl. kann nun aufgehockt oder gehookt werden. Manchmal können die Füße schon recht bald durch eine Drehung um die Längsachse auf der anderen Seite platziert werden, evtl. mit Durchscheren. Bei sehr guter Beweglichkeit kann auch ausgespreizt werden. Man klettert also in einem nach unten zeigenden Bogen unter dem schwierigen Griff „hindurch" und taucht auf der anderen Seite wieder auf.

Tipp: Trainieren Sie für das Durchtauchen Ihre Hüftbeweglichkeit und dehnen Sie regelmäßig.

Übung: Suchen Sie sich im Boulderraum einen Quergang mit einem schwierigen Sloper und versuchen Sie unter diesem Griff durchzutauchen.

Durchstützen

Diese Technik wird zum Überwinden von Bändern oder grifflosen Ausstiegen auf ein Plateau verwendet. Unter einem Mantle versteht man das beidarmige Durchstützen an einem Absatz, einem Band oder einem großen Griff. Mit einer dynamischen, klimmzugartigen Bewegung, eventuell mit Unterstützung der Füße, zieht man die Hüfte so weit hoch, dass eine Hand, die Finger zeigen zum Körper, in Stützstellung gebracht werden kann. Dann wird auch der zweite Arm in den Stütz gebracht. Die Hände werden nun nach außen rotiert, dadurch kann noch weiter hochgestützt werden. Nun muss ein Fuß nahe an der Hand hochgestellt werden. So kann schließlich aufgestanden oder ein Griff weiter oben erreicht werden. Übrigens: Auf die gleiche Weise erklettern Schulkinder Mauern.

Abb. 91a: Durchstützen an einem Felsband ohne Foothook

Durchstützen mit Foothook: Ist der Absatz breit genug, kann ein Fuß an der Kante eingehakt werden. Nachdem man sich dynamisch etwas hochgezogen hat, wird die Hand auf der Seite des Foothooks in den Stütz gebracht. Mit Hilfe der anderen Hand (Finger nach außen drehen!) wird komplett durchgestützt. Um aufstehen zu können, stellt man den Hook etwas näher zum Körper und drückt sich vollends hoch. Die Hand auf Seite des Foothooks kann auch schon vorher einen Griff weiter oben fassen.

Abb. 91b: Durchstützen
an einem Felsband mit Foothook

Tipp: Der Foothook kann auch schon vor dem Durchstützen in eine Antretposition umgesetzt werden. Hierfür ist eine gute Beweglichkeit notwendig.

Übung: Das Durchstützen wird immer schwieriger, je stärker die Absätze überhängen und je schmaler diese werden. Suchen Sie sich für beide Szenarien geeignetes Übungsgelände wie z.B. Mauern, Boulderblöcke oder Reckstangen.

Eingependelte Position

Diese Technik ist in Überhängen wichtig. Es ist nur ein Griff und ein Tritt nötig. Der KSP wird seitlich verschoben, bis man stabil ist. Einpendeln bedeutet, dass keine Drehmomente auf den Körper wirken. In dieser Phase wird dann weitergegriffen.

Überhangklettern ist besonders dann ökonomisch, wenn ein fließender Wechsel von einer eingependelten Position in die nächste möglich ist. In Kombination mit der Eindrehtechnik sind so auch weite Griffabstände flüssig und kraftsparend zu überwinden.

Abb. 92: Einpendeln mit nur einem Griff und einem Tritt

Mit dem linken Fuß wird in Falllinie des rechten Arms (Haltehand) mit dem Außenrist angetreten. Der rechte Fuß kann dann als Pendelbein frei in der Luft hängen. Der Körper wird nun über die Hüfte nach rechts eingedreht und möglichst nah an die Wand gebracht. Dies ist die Ausgangsposition für das Weitergreifen mit der linken Hand. Dann wird der rechte Fuß in Falllinie der linken Hand gesetzt und der Körper nach links eingedreht. Diese Technik erfordert alternierend links und rechts vorhandene Seitgriffe.

Tipp: Schlechte Griffe oder Sloper können selbst in steilen Überhängen ganz gut gehalten werden, sofern in Belastungsrichtung unterhalb gut angetreten wird. So wird Körperspannung aufgebaut. Dies gilt sowohl für Ausgangs- als auch für Zielgriffe. Klettern Sie zügig durch schwere Passagen!

Übung: Beim Einpendeln spielt das Gleichgewichtsgefühl eine große Rolle. Übertragen Sie diese Technik in horizontale Dächer. Beachten Sie hier eine dem Zielgriff gegenüberliegende Antretposition.

Rastpunkte

Rastpunkte (Ruhepunkte) sind oft der Schlüssel für den Durchstieg einer Route. Da die Unterarmmuskulatur beim Klettern am stärksten beansprucht wird, hat das Rasten die Regeneration der Unterarme und den Kraftrückgewinn zum Hauptziel. Rasten bedeutet aber nicht Kaffeetrinken! Es muss aktiv eine

*Des Kletterers Freund ist ein
Baum ... (kk)*

Beruhigung der Atmung, die Lösung von Verkrampfungen (z.B. im Nacken oder in den Schultern) sowie die Erholung der Konzentration und der Psyche herbeigeführt werden. Für eine möglichst schnelle Erholung ist eine gute Grundlagenausdauer erforderlich, da dann der Puls generell niedriger ist und schneller beruhigt werden kann. Rasten ist auch eine gute Möglichkeit zum Nachchalken oder Klippen.

Mit einer guten Beweglichkeit hat man viele Möglichkeiten, sich Rastpunkte zu verschaffen. Viele Rasttechniken erlauben keine vollständige Erholung der Muskulatur. Trotz insgesamt zunehmender Ermüdung kommt es aber durch das Ausschütteln kurzfristig zur vermehrten Bildung von ATP, sodass anschließend wieder einige schwerere Kletterzüge möglich sind. Daher kommt es auch auf den richtigen Zeitpunkt an. Es gibt folgende Möglichkeiten:

▷ Foothook: Die Entlastung eines Arms kann z.B. mit einem Heelhook (☞ Hohes Antreten, S. 185) an einem Band (horizontaler Absatz) oder einem Toehook an einem Seitgriff erreicht werden. Möglich ist auch ein Verklemmen der Füße in tieferen Löchern oder Rissen.

▷ Verschneidungen: Durch Spreizen und Stützen wird immer wieder eine Hand frei und kann sich vollständig erholen.

▷ Risse: In Rissen kann so verklemmt werden, dass ein Arm frei wird und sich vollständig erholen kann.

▷ Große Griffe: Durch schnelles Abwechseln des haltendes Armes kann der freie Arm etwas regeneriert werden. Dies sollte nicht zu lange erfolgen, da sonst die Gefahr des Totschüttelns besteht. Dann war die Belastung durch die zu lange Verweildauer zu hoch und im weiteren Routenverlauf wird man recht schnell loslassen müssen.

Die folgenden Techniken erlauben einen No-Hand-Rest, d.h., beide Arme können vollständig entlastet und komplett regeneriert werden. Vor schweren Passagen macht auch ein mehrere Minuten dauerndes Ausruhen durchaus Sinn. Mit der Zeit entwickelt man ein gutes Gespür für den richtigen Zeitpunkt zum Weiterklettern.

▷ Sitzen und Stehen: Auf großen Bändern, in Nischen oder kleinen Höhlen kann mehr oder weniger bequem längere Zeit verweilt werden. Auf manchen kleineren Strukturen, etwa an Sintersäulen, kann ebenfalls eine sitzende Position eingenommen werden.

▷ Auspreizen: Spreizstellen gibt es fast in jedem Gelände, besonders in Verschneidungen.

▷ Knieklemmer (Kneebar): Das Verklemmen eines oder beider Knie gegen den Fuß in größeren Felslöchern oder unter Vorsprüngen hat sich in Überhängen bewährt. Auch zwischen senkrechten Sintern kann das Knie verklemmt werden. Zur Linderung der Schmerzen kann ein Knieschoner aus Gummi sinnvoll sein.

▷ Kamine: Durch Stemmen werden beide Hände frei. Je nach Bequemlichkeit der Stelle kann dort längere Zeit geruht werden.

▷ Durch Einsatz von Körperspannung können die Unterarme entlastet werden.

Übung: Hängen Sie sich nur mit den Füßen an eine Reckstange. Danach suchen Sie im Boulderraum eine Position, in welcher beide Füße so verklemmt werden können, dass Sie mit beiden Armen vollständig loslassen können.

Für taktische Belastungswechsel gibt es mehrere Möglichkeiten. So können z.B. Fingerlöcher mit verschiedenen Fingern (auch mit dem Daumen!) gehalten werden. Die Benutzung von kletteruntypischen Griffarten wie große Seitgriffe, die Nutzung der Handkante oder das Anwenden des Affengriffes (Einhaken des Handgelenkes oder des Ellbogens um den Griff), entlasten die Leistungsmuskulatur.

Mäßig gute Griffe sollten grundsätzlich nicht über längere Zeit in der gleichen Stellung gehalten werden, um unnötige Muskelverspannungen zu vermeiden. Das Einhängen der Sicherungen sollte mal links, mal rechts erfolgen. Nutzen Sie Ihre Körperspannung, um die Belastung der Unterarme so gering wie möglich zu halten!

Tipp: Grundsätzlich ist in schwierigen Sportkletterrouten jeder Rastpunkt zu nützen, zur mentalen Erholung aber am besten in der Nähe einer Zwischensicherung! Rasten Sie aufgehockt oder an langen Armen und gönnen Sie auch den Füßen abwechselnd Ruhe.

Achtung: Ständiges Schütteln am langen Arm kann zu Schulterinstabilität führen!

Übung: Suchen Sie eine potentiell als Projekt geeignete Route vom Boden aus nach Rastpunkten ab und überlegen Sie sich, welche Rasttechnik am besten ist. Steigen Sie dann ein und versuchen Sie an den erkannten Stellen zu rasten.

Klimmzug

Klimmzüge werden beim Klettern überschätzt und spielen als Klettertechnik keine große Rolle. Sie kommen nur als letztes Mittel zum Einsatz. Anfänger, welche schon viel Kraft mitbringen, versuchen klimmzugartig Boden gutzumachen. Dies ist jedoch überhaupt nicht ökonomisch.

Es gibt nur wenige Kletterstellen, an denen ein Klimmzug wirklich weiterhilft. So z.B. an bestimmten Dachkanten, bei denen es einfacher ist, die Beine kommen zu lassen und sich mit ein oder zwei Klimmzügen hochzuhangeln, bis man die Füße wieder auf einen Tritt bekommt. Sofern möglich, ist hier Hooken vorzuziehen.

Tipp: Um z.B. eine Route im 8. Schwierigkeitsgrad klettern zu können, genügt es völlig, wenn Sie ein paar ganz normale Klimmzüge machen können. Sie dienen in diesem Fall eher als Maß für die Blockierkraft oder für die Kraftausdauer. Sollten Sie keinen einzigen Klimmzug schaffen, dann haben Sie ein allgemeines Kraftdefizit und sollten daran arbeiten!

Übung: Vor allem im Training sind Klimmzüge hilfreich.

Hangeln

Ohne Füße von einem Griff zum nächsten zu hangeln, verbraucht sehr viel Kraft. Normalerweise versucht man die Füße sofort wieder auf Tritten unterzubringen. Wenn überhaupt, macht Hangeln nur in Überhängen und beim Dachklettern Sinn. Da man die Füße nicht setzen muss, spart man dadurch etwas Zeit, jedoch ohne Entlastung durch die Füße. Besser ist in jedem Fall Hooken (☞ Hohes Antreten, S. 185).

Statisches Hangeln erfordert sehr viel Blockierkraft, da man das eigene Körpergewicht einarmig angewinkelt halten muss. Dynamisches Hangeln mit Schwungmitnahme nutzt den toten Punkt, in welchem kraftsparend weitergegriffen wird.

Tipp: Schwingendes Hangeln ist eine gute Übung für einen dynamischen Kletterstil!

Übung: Trainieren Sie das Hangeln an einer senkrechten Strickleiter (Ropeladder) oder an einer zu Hause waagerecht aufgehängten Aluminiumleiter.

Figure of Four

Die Figure of Four ist eine eher beim Mixedklettern (Eis und Fels) und Drytooling (mit Eisgeräten im Fels ohne Eis) verwendete Klettertechnik, um einen fehlenden Tritt zu kompensieren oder um zu rasten. Die Figur ähnelt einer Vier, daher der Name. Bei dieser Technik wird das Bein über den gegenüberliegenden Arm gehängt, genauer genommen hookt man das Bein über das Handgelenk (erlaubt mehr Reichweite) oder den Ellbogen. Dieser sollte an

Abb. 93: Die Figure of Four

einem möglichst großen Griff fixiert sein. Mit der frei werdenden Hand wird nun weitergegriffen, dann kann die Figure of Four wieder aufgelöst werden.

Manchmal kann diese Technik zur Überwindung von Dachkanten hilfreich sein, meistens können diese Stellen aber weit weniger umständlich auch dynamisch gelöst werden. Aus diesem Grund sieht man die Figure of Four beim Felsklettern nur sehr selten.

Tipp: Diese Technik ist exotisch und sieht cool aus. Deshalb sollte sie grundsätzlich in jede Route eingebaut werden, erst dann dürfen Sie sich als „echter" Sportkletterer bezeichnen ...

Übung: Zum Trainieren eignet sich besonders gut eine Strickleiter. Klettern Sie abwechselnd mit links- und rechtsseitigen Figure of Fours nach oben. Danach normal abklettern.

Greiftechniken

Beim Greifen spielen individuelle anatomische Voraussetzungen wie Körpergröße sowie Fingerdicke und -länge eine Rolle. So kann man z.B. mit dicken Fingern extrem kleine Löcher einfach nicht greifen. Sehr lange Beine oder zu geringe Beweglichkeit sind ebenso hinderlich. Der bekannte „Zwergentod" kann es kleineren Kletterern unmöglich machen, an den nächsten Griff zu kommen. Dafür sind kleine und leichte Kletterer extrem wendig und erinnern oft an Zirkusakrobaten.

Bis auf wenige Ausnahmen können diese Situationen durch variierte Bewegungsmuster, z.B. Verwendung von Zwischengriffen oder Überbrückung durch Dynamos und Reibungstritte, ausgeglichen werden. Der Affenindex, definiert als Quotient von Armspannweite und Körpergröße, spielt keine signifikante Rolle. Ausreden zählen daher nicht!

Allerdings sind die Trainingsschwerpunkte je nach Habitus anders zu setzen, da z.B. größere und schwerere Kletterer für ein optimales Kraft-Gewicht-Verhältnis mehr Absolutkraft im Oberkörper benötigen. Muskelprotze müssen allerdings aufpassen, dass am Ende der Kraft nicht noch viel Tour übrig ist (MacLeod, 2012). Für Groß und Klein gilt daher gleichermaßen: Mehr Dynamik und Speed beim Greifen, auch bei kleinen Griffen!

Um nun die verschiedenen Greiftechniken näher zu betrachten, müssen die Griffarten bekannt sein: Löcher (Pockets), Leisten (kleine Felskäntchen mit bis zu 1 cm Breite, welche mehreren Fingern nebeneinander Platz bieten), Zangen, Sloper (negative, abgerundete Griffe bzw. Wölbungen ohne Vertiefung oder Kante, auch Aufleger genannt, welche nur mit der offenen Hand auf Reibung gehalten werden können) und Risse (Felsspalten, die je nach Breite als Finger-, Hand-, Faust- oder Schulterriss bezeichnet werden) bzw. Schlitze. Ist ein Griff einwärts ausgeprägt, wird er als positiv bezeichnet.

Des Weiteren gibt es in extremen Plattenrouten Dellen, Dallen oder Dullen, rundliche, flache Vertiefungen, welche meist nur schlecht oder überhaupt nicht zu greifen sind. Besonders große und „homöopathische" Griffe (z.B. Schuppen) werden als Henkel oder Bierhenkel bezeichnet.

In Rissen werden Hände und Finger verkeilt (s)

Lochgriffe, Wasserlöcher bzw. Fingerlöcher können je nach Anzahl der hineinpassenden Finger in Einfingerloch („Mono"), Zweifingerloch, Dreifingerloch unterschieden werden. Passen mehrere Finger in ein Loch, werden diese durch Verdrehen gegeneinander verklemmt. Außerdem gibt es noch Knubbel (z.B. Chickenheads, aus einzelnen Kristallen bestehende kleine Griffe). Als Kratzer oder Mikroleiste wird ein winziger Griff, meist in Leistenform bezeichnet. Tropflöcher sind nach oben offene Erosionslöcher im Kalkstein, die als Tritte oder Griffe benutzt werden.

Wasserrillen sind durch Erosion entstandene vertikale Wellenformen im Kalkgestein. Sintersäulen und Sinterfahnen sind längliche, vertikal ausgerichtete Tropfsteine. Waben aus vielen kleinen, dicht beieinander liegenden Löchern mit dünnen Zwischenstegen findet man vor allem im Sandstein als Verwitterungsform.

Griffe können noch in Zuggriffe und Stützgriffe unterschieden werden. Oftmals wird vergessen, mögliche Stützstellen zu nutzen. Diese Technik spart enorm viel Kraft.

Tipp: Alle Griffe sollten formschlüssig, wenn möglich mit Daumenunterstützung, in die korrekte Zugrichtung (die Hand sollte möglichst wenig vom Unterarm abgeknickt sein) umfasst werden.

Den Körperschwerpunkt nah am Fels (kk)

Die optimale Zugrichtung (Zugwinkel) spielt ebenfalls eine große Rolle. Der KSP sollte daher durch Verschieben der Hüfte und/oder Eindrehen optimal in Zugrichtung hinter den Griff gebracht werden. Der KSP (die Hüfte) muss so nah wie möglich an der Wand bleiben. Unter Fixieren versteht man das Festhalten eines Griffes unter Belastung. Unter Blockieren versteht man das Halten des Körpergewichts mit einem in rechtem oder spitzem Winkel fixierten Arm.

Tipp: Um Schulterverletzungen vorzubeugen, darf man beim Blockieren nicht mit der Schulter nach oben ausweichen. Die Schulter muss unten fixiert (d.h. angespannt) werden! Die Schulter sollte vor jedem Zug fixiert werden: Nach Erreichen des Zielgriffs wird erst die Schulter fixiert, dann die Zugbewegung mit dem Arm eingeleitet.

Übung: Zur Schulung des Blockierens dürfen die Hände in einer Übungsroute nur unterhalb des Kinns eingesetzt werden (Greifen mit Handicap). Um den Einsatz von Körperspannung und die Kraftausdauer zu verbessern, wird in einer Übungsroute kurz vor den anvisierten Griffen ein Halt eingelegt. Erst nach 5 Sek. Verharren darf zugepackt werden (Greifen mit Stopp).

Flach

Wirklich flach zu greifen ist fast nur in Schlitzen oder auf breiten Leisten möglich. Die Finger bleiben weitgehend gerade, können jedoch wie beim Rissklettern verklemmt werden. Insgesamt belastet man hier weniger die Finger, sondern eher Handgelenk und Unterarm.

Hängend

Die gesündeste und kraftsparendste Methode ist die mit hängenden Fingern. Das zweite Fingergelenk ist kaum gebeugt, die Finger sind relativ gestreckt und die Hand ist offen, so dass ein möglichst guter Formschluss mit Zugrichtung nach unten erreicht wird. Diese Technik ist besonders gut für große flache Griffe (Sloper) oder abschüssige Löcher geeignet.

Tipp: Sloper lassen sich desto leichter halten, je näher und tiefer der KSP an der Wand liegt und je besser die Bewegungsvorbereitung ist. Unterstützen Sie mit dem Daumen! Weil Sloper nicht durch rohe Fingerkraft gehalten werden können, sind sie im Techniktraining generell wichtiger und gesünder als das Klettern an Leisten.

Halb aufgestellt

Bei der halb aufgestellten Mischform ist das zweite Fingerglied 90° oder mehr gebeugt. Der Daumen kann aber nicht den Zeigefinger stabilisieren, da das erste Fingerglied noch leicht hängend ist. Der Daumen kann jedoch

Abb. 94: Greifen mit flachen Fingern   *Abb. 95: Greifen mit hängenden Fingern*   *Abb. 96: Greifen mit halb aufgestellten Fingern*

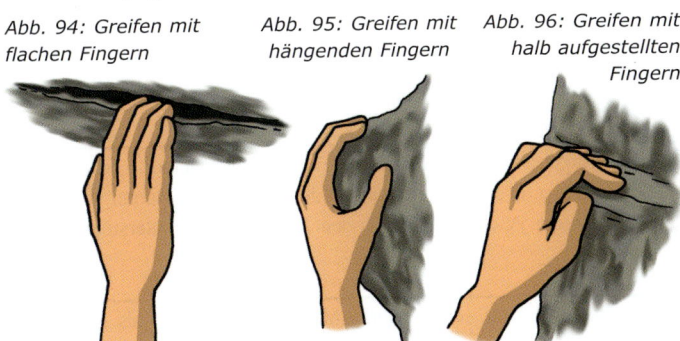

gegen kleine Strukturen am Fels gepresst werden. Diese Technik ist gut für mittelgroße Löcher und kleinere Leisten geeignet. In Löchern kann der Mittelfinger über Zeigefinger und Ringfinger gelegt werden.

Aufgestellt

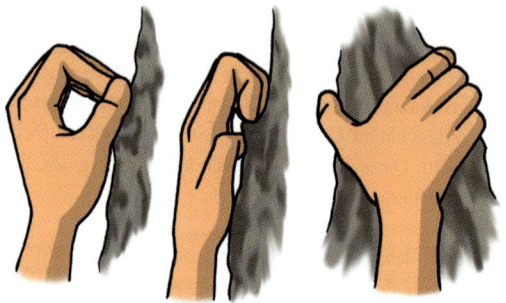

Abb. 97: Greifen mit aufgestellten Fingern

Abb. 98: Greifen mit spitz aufgestellten Fingern

Abb. 99: Zangengriff

Diese Greiftechnik schneidet weniger die Haut ein und ermöglicht die größte Kraftübertragung, d.h., die Reichweite des anderen Arms wird beim „Durchblocken" erhöht. Bei aufgestellten Fingern ist das erste Fingerglied gerade oder überstreckt, das zweite Fingerglied 90° oder mehr gebeugt. Manchmal kann ein Übereinandersetzen der Fingerkuppen sinnvoll sein. Muss man mit aufgestellten Fingern greifen, so sollte der Daumen zur Unterstützung der Finger an oder über den Zeigefinger gelegt werden. Dies kann eine Krafterhöhung von bis zu einem Drittel bewirken. Im Training ist dieses Daumenanlegen wegen Verletzungsgefahr zu vermeiden und bei Durchstiegsversuchen nur dann anzuwenden, wenn es gar nicht anders geht.

Spitz aufgestellt

Etwas günstiger als normal aufgestellte Finger ist die Methode der spitz aufgestellten Finger. Diese Technik kann an den Fingerkuppen unter Umständen schmerzhaft sein. Auch hier kann mit dem Daumen etwas unterstützt werden.

Zangen

Oft können zwei nur schlecht brauchbare Felsstrukturen als Zangengriff benutzt werden, man muss nur auf die Idee kommen! Der Griff wird dabei zwischen Daumen und übrigen Fingern in die Zange genommen und mit der gerade notwendigen Kraft zugepresst. Sintersäulen können oft als Zangengriff verwendet werden.

Unter- und Seitgriffe

Unter- und Seitgriffe können alle Variationen von Griffarten beinhalten. Untergriffpositionen werden zwar leicht übersehen, können aber einen Kletterzug viel leichter machen oder auch zwingend sein. Da sie zum Halten und Hochziehen etwas andere Muskeln fordern, sollten Untergriffe separat trainiert werden. Unmittelbar vor einem Untergriff muss höher als sonst angetreten werden!

Ein Gaston ist ein Seitgriff (nach innen) der auf Schulter gehalten wird, also mit dem Ellbogen nach außen (☞ Schulterzüge, S. 155). Besonders bei Seitgriffen ist die richtige Lage des KSP entscheidend. Ein

Abb. 100:
Untergriff

Seitgriff kann folgendermaßen stabilisiert werden: Körper in den Seitgriff hineinkippen, Foothook, Ziehen oder Gegendruck mit dem gegenseitigen Fuß.

Handwechsel

Handwechsel (Griffwechsel) sind oft schwierig auszuführen und sollten daher vermieden werden. Manche Griffe sind zwingend auf rechts oder links zu nehmen. Ist man einmal in der falschen Position, so muss der Kletterzug entweder rückgängig gemacht oder mithilfe eines weiteren Griffes umgegriffen werden, sofern der Haltegriff zu klein für beide Hände ist.

Tipp: An kleinen Griffen kann man die einzelnen Finger nacheinander ersetzen. Ansonsten kommt nur noch ein dynamischer Wechsel in Frage, z.B. an Fingerlöchern.

Übung: Üben Sie Handwechsel an möglichst vielen verschiedenen Griffen.

Kreuzzug

Ein Kreuzzug (Kreuzgriff) ist eine Kletterstelle, an der eine Hand waagerecht unter oder über die andere greift. Je weiter die beiden Griffe auseinander liegen, desto mehr muss der Körper verdreht werden. Der erste Griff muss dann nach außen sehr stark fixiert werden. Kreuzzüge werden im Onsight oft nicht sofort erkannt und kosten dann den Durchstieg.

Abb. 101: Bewegungsabfolge bei einem Kreuzzug

Rissklettern und Klemmtechniken

Ein Klemmer ist eine Stelle, an der der Körper durch Verklemmen der Finger, der Hand oder anderer Körperteile stabilisiert wird. Dies geschieht durch Verdrehen, mit Gegendruck und/oder durch Muskelanspannung. Reines Rissklettern hat den Vorteil, dass man die Art der Kletterei schon vom Boden aus gut beurteilen kann. Jede Rissbreite erfordert allerdings eine eigene Klemmtechnik. Ohne gute Technik sind Risse sehr schwierig und schmerzhaft, besonders, wenn die Finger gut verkeilt sind und die Füße abrutschen (aua!).

In Finger-, Hand- und Faustrissen ist voller Hauteinsatz gefragt, da man häufig die ganze Handfläche verklemmen muss, um die Reibung zwischen Fels und Haut zu

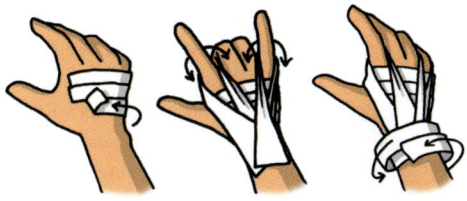

Abb. 102a: Herstellung eines Tape-Handschuhs

maximieren und das Verletzungsrisiko und Schmerzen zu minieren. Daher empfiehlt sich hier eine ausgefeilte Tapetechnik von Fingern und Hand, um Hautabschürfungen zu vermeiden. Besonders empfehlenswert ist Leukotape.

Für kleinste Risse taped man die Fingerendgelenke, wobei man aufpassen muss, dass an den Fingerspitzen kein Reibungsverlust entsteht. Für Lochkletereien empfiehlt sich ein Tape zwischen Fingerend- und Fingermittelgelenk. Für breitere Fingerrisse taped man am Fingergrundgelenk.

Für Handrisse klebt man drei Tapestreifen um den Handrücken, sodass sich die Streifen um ca. 0,5 cm überlappen und das oberste Tape die Fingergrundgelenke bedeckt. Dann klebt man, beginnend vom Handrücken, Tapestreifen zwischen

*Abb. 102b:
Handschuhe für
das Rissklettern*

allen Fingern hindurch und zum Handgelenk zurück. Dies führt man ggf. zweimal durch, bis die Schicht dick genug ist. Dann fixiert man den Tape-Handschuh mit Querstreifen um das Handgelenk. Zum Entfernen schneidet man den Handschuh an der Vorderseite des Handgelenks auf. Er kann dann noch einmal verwendet werden.

Tipp: Es gibt spezielle Handschuhe für das Rissklettern von Ocun (☞ Abb. 102b, S. 171). Außer dem Handrücken sollten auch die Fußknöchel getaped werden, da man sich sonst starke Aufschürfungen holen kann. Noch besser verwendet man Kletterschuhe, welche über den Knöchel reichen. Die Schmerztoleranz der Haut sollte durch Aufbau von Hornhaut und Training der Willenskraft speziell gestärkt werden.

Je nach Breite des Risses werden einzelne Finger, die komplette Hand (leicht verdreht) oder die Faust verkeilt. Ein Fingerlock bezeichnet das Verdrehen eines Fingers in einem Schlitz, sodass er nicht herausrutschen kann. Diese Greiftechniken belasten die Finger und das Handgelenk und können sehr schmerzhaft sein.

Bei Fingerrissen sind Tritte oft Mangelware, daher ist es entscheidend, dass die Fußspitzen hochkant in den Riss gesteckt und verdreht werden. Dies ist Voraussetzung, um sich kraftsparend nach oben arbeiten zu können. Mit den Füßen wird überschlagend getreten. Eine Grundregel ist, dass man die Hände nie unter Last weiterbewegt. Risse mit einer Breite zwischen Finger- und Handriss sind unangenehm zu klettern, da Finger und Daumen gegeneinander verklemmt werden müssen.

Abb. 103: Fingerlock (o.)
Abb. 104: Greiftechnik im Fingerriss (u.)

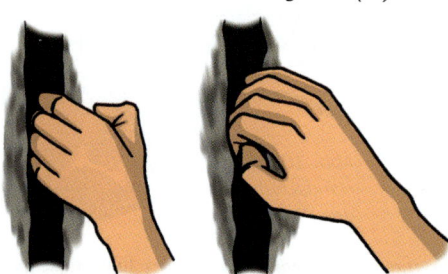

Tipp: Ein schlecht klemmender Fingerriss ist durch Druck mit dem Daumen auf die Risskante angenehmer zu halten.

Reine Handrisse sind eher gut zu klettern. Die ideale Breite eines „saugenden" Handrisses (die Hand sollte gerade so hineinpassen) ist individuell unterschiedlich. Ist ein Riss homogen und geht gerade hoch, so setzt man eine Hand über die andere, die Daumen zeigen dabei nach oben.

Verläuft der Riss schräg oder klemmt eher schlecht, so kann er „auf rechts" oder „auf links" geklettert werden. Auf rechts klettern bedeutet, dass man die rechte Hand (mit Daumen nach oben) stets unten platziert und die linke Hand (mit

Abb. 105: Greiftechnik im Handriss und Butterfly

Daumen nach unten) stets oben platziert. Bei Rissen mit einer Breite zwischen Hand- und Faustriss wird etwas mehr Kraft benötigt. Diese Risse sind unangenehm, da die Kontaktfläche zwischen Haut und Fels kleiner ist, da die Hand gekrümmt verklemmt werden muss: Zeige- und Mittelfinger werden mit dem Daumen verklemmt (Butterfly).

Abb. 106a: Greiftechnik im Faustriss (a, b), doppelter Handklemmer (c) und Hand-Faust-Klemmer (d)

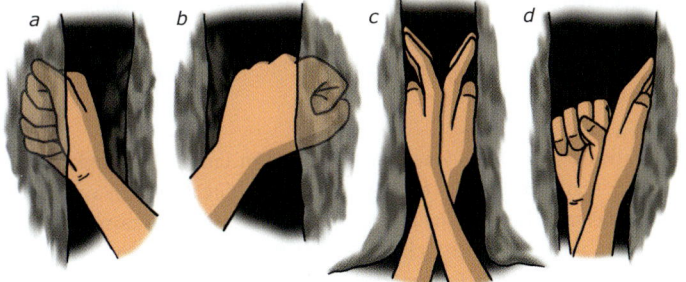

a   b   c   d

Abb. 106b: Scherentechnik

In Faustrisse passt die Faust quer hinein (☞ Abb. 106a, S. 173). Armrisse sind Risse, in welchen die Faust gerade nicht mehr klemmt. Bei einem doppelten Handklemmer werden die Arme überkreuzt, die Handrücken aneinandergelegt und mit den Handflächen geklemmt. Hier muss das Knie richtig verklemmt werden, denn beide Hände müssen beim Weitergreifen gleichzeitig entlastet werden. Eine weitere Alternative ist der Hand-Faust-Klemmer. Bei der Scherentechnik werden die Arme gestreckt und über Kreuz in den Riss gesteckt. Die Hebelwirkung wird über die Anspannung der Schulter erzeugt. Diese Techniken erfordern gute Tritte, da man sonst beim Höhergreifen den Riss ganz schnell wieder von unten sieht.

In noch breiteren Rissen kommt die Schulterrisstechnik zum Einsatz. Hier wird mit einer Körperhälfte im Riss geklettert. Normalerweise wird nun die Hand gegen den Oberarm verklemmt (Ellbogenklemmer als Rastposition) und mit der anderen Hand die Risskante gegriffen. Der Außenfuß steht am besten mit der Ferse im Riss, die Fußspitze nach außen, das Knie leicht angewinkelt. Die Fußspitze wird gegen die Ferse verklemmt. Die Bewegung nach oben wird hauptsächlich mit dem Außenbein durchgeführt. Ein verklemmtes Knie ist ebenfalls eine gute Rastposition! Es muss vorher entschieden werden, ob man den Riss rechts oder links klettern möchte. Auf keinen Fall darf man zu tief in den Riss hineinklettern.

Da Risse meist keine konstante Breite haben und die Felsstruktur sehr komplex sein kann, werden oft Mischformen der Greiftechniken verwendet. Unangenehm zu klettern sind Offwidth-Risse mit einer Breite zwischen Faustriss und Kamin. Besonders schwierig zu klettern sind Übergänge von einer Rissbreite zur nächsten. Ist man Rissklettern nicht gewöhnt, kann man sich in langen Rissen unendlich schwer tun.

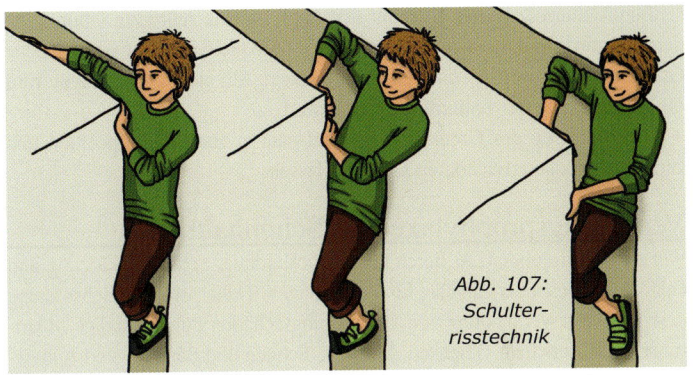

Abb. 107:
Schulter-
risstechnik

Tipp: Verwenden Sie beim Rissklettern langärmlige Kleidung und lange Hosen. Am schnellsten machen Sie Fortschritte, wenn Sie die unbekannten Risstechniken konsequent trainieren! Üben Sie für den Notfall auch das Abklettern in Rissen.

Übung: Jeder Kletterer sollte mal in einem Rissklettergebiet unterwegs sein. Dies gilt besonders für die kletternden Damen, welche häufig Hemmungen haben, die Hände in einem Riss zu verkeilen. Rissklettern eröffnet aber einen anderen Blickwinkel und schult ungemein das Gleichgewichts- und Kraftgefühl. Die erlernten Techniken werden dann auch in Kletterein mit anderem Charakter von Nutzen sein.

Nachfassen

Unter Nachfassen oder Nachruckeln versteht man die Nachjustierung, wenn beim ersten Zupacken ein Griff nicht optimal erwischt wurde. Da Nachfassen viel Kraft verschwendet, sollte man möglichst präzise greifen.

Übung: Ein Kletterlotse macht mit einem Zeigestock oder einem Laserpointer möglichst schwierige Griffvorgaben, welche der Kletternde ausführt. Das ist eine anspruchsvolle Aufgabe für den Lotsen, da er Technikelemente geschickt und spontan einbauen muss. Ist der Kletterer fast erschöpft, bekommt er einen Gnadenhenkel!

Blindklettern (z.B. mit Tuch um den Kopf) ist eine sehr gute Übung, um den Tastsinn und das Nachfassen zu üben, sowie ein Gefühl für verschiedene Griffformen und weiches Greifen zu entwickeln. Mit einer Augenklappe wird die Abschätzung der Entfernungen erschwert.

Zur Schulung des Greifradius verharrt man in einer Kletterposition und versucht nun alle erreichbaren Griffe zu fassen.

Verletzungsprophylaxe und Schonhaltungen

Wer einen Bürojob hat, ist durch Muskelrückbildung, Sehnenverkürzung und Fehlhaltung besonders anfällig für Verletzungen. Daher ist Ausgleichstraining essentiell. Zur Vermeidung von Überlastungsschäden durch ständige Mikrotraumen an Knochen, Gelenken, Muskeln, Sehnen und Bändern sind Aufwärmen und Regenerationstage wichtig. Neben besonderer Vorsicht vor Kahnbein- und Sprunggelenkverletzungen beim Bouldern ist beim Klettern vor allem Wert auf die Verletzungsprophylaxe der Finger zu legen. Folgende Punkte sind unbedingt zu beachten:

▷ Finger speziell mit einem Softgummiball oder weicher Knetmasse aufwärmen. Dies ist bei angeborener Bänderschwäche besonders wichtig. Nach dem Aufwärmen dehnen sich die Ringbänder etwas und wie nach einem Ringbandriss heben sich die Sehnen minimal vom Knochen ab (Bogensehneneffekt). Dies bewirkt, dass weniger Kraft aufgewendet werden muss (Keller & Schweizer, 2011). Am besten wärmt man sich an den für das Projekt typischen Griffformen auf (z.B. Leisten).

▷ Prophylaktisches Tapen bei Vorverletzungen sollte möglichst nahe am Gelenk erfolgen. Aufgrund der ungünstigen Hebelverhältnisse ist meist der Ringfinger betroffen (Hochholzer & Schöffl, 2009). Dieser sollte daher gesondert trainiert werden.

▷ Die Kombination Zeige-/Mittelfinger ist in Fingerlöchern weniger verletzungsanfällig als die Kombination Mittel-/Ringfinger. Der Mittelfinger kann z.B. auch über Zeige- und Ringfinger gelegt werden. Abwechslung, auch zwischen dynamisch und statisch, schützt!

▷ Stets weich greifen.

▷ Griffe in einem Bogen von oben greifen (nicht auf dem kürzesten Weg), um einen schmerzhaften Anprall von unten zu vermeiden.

▷ Keine hektischen Bewegungen. Besonders beim Verkanten in Fingerlöchern kann es sonst zum Knochenbruch mit Verletzung von Kapsel und Sehnen kommen.

▷ Kein übermäßiger Kraftaufbau nach dem Motto „Wer stellt, der hält!". Auf Dauer oder bei entsprechender Veranlagung kann extremes Aufstellen der Finger mit Überstreckung zu Arthrose führen. An sehr kleinen Griffen wird im Training nicht aufgestellt oder wie ein Stier gezogen! Trotzdem muss leichtes Aufstellen trainiert werden, um physiologische Anpassungen zu erzielen (Keller & Schweizer, 2011).

▷ Abrutschen oder Schnappen vermeiden. Vorsicht bei Dynamos auf kleine Griffe!

▷ Bei einem Sturz oder Wegrutschen der Füße sofort loslassen. Ruckartiges Nachfassen ist höchst gefährlich.

▷ Beim Sturz Hände weg vom Seil, sonst kann es zu gefährlichen Seilumschlingungen mit Fingeramputation kommen!

Die Finger werden beim Klettern besonders beansprucht (s)

▷ Nicht voll an die Belastungsgrenze gehen, vorher aufhören. Schmerzhafte Kletterzüge vermeiden.

▷ Auf Zeichen des Körpers hören. Auch leichte Schmerzen nicht ignorieren!

▷ Ein Drittel aller Verletzungen passiert beim Training (Hochholzer & Schöffl, 2009). Daher nicht bis zum bitteren Ende ausklettern, sonst heißt es: „One move too many".

▷ Bei akuten Verletzungen kein Campustraining, sonst nur an abschüssigen Griffen.

▷ Bei plötzlichen Schmerzen sofort aufhören. Bei einem Ringbandriss ist ein deutliches Schnalzen oder Knacken zu hören.

▷ Da die Dicke der Fingerhaut leistungsrelevant ist, sind Risse in den Fingerkuppen zu vermeiden. Im Fall der Fälle ist ein Pflaster unter dem Tape angenehmer. Ist die Wunde trocken, führt ein Abfeilen der Ränder und das Auftragen einer Creme (z.B. Climb-On) zu schnellerer Heilung. Zu viel gezüchtete Hornhaut kann die Reibung allerdings verringern. Direkt vor dem Klettern darf die Haut nicht feucht werden, da sie dann weniger widerstandsfähig ist.

▷ Kein Fingerknacken! Es kann zu Schwellungen, verminderter Greifstärke und Gelenkverschleiß führen und außerdem andere Menschen zur Weißglut bringen ...

Die Finger zu tapen macht nur Sinn, wenn bereits Verletzungen vorliegen. Prophylaktisches Tapen führt dazu, dass Warnsignale des Körpers nicht wahrgenommen werden, sich die Sehnen und Bänder an die Unterstützung des Tapes gewöhnen und sich nicht an noch größere Belastungen anpassen können.

Der durchschnittliche Homo sapiens ist evolutionär nicht an die hohen Belastungen in schwierigen Kletterrouten angepasst. Die Größe unserer Hände ist eher geeignet, um einen durchschnittlich dicken Ast zu umfassen, nicht aber um die Finger an kleinen Griffen aufzustellen. Für eine verletzungsfreie physiologische Anpassung der Bänder, Sehnen und Kapseln an die Belastungen vom 6. in den 9. Schwierigkeitsgrad sind mit langsamem Herantasten ca. 3 bis 5 Jahre einzuplanen. Die Dicke der Ringbänder kann hierbei um bis zu einem Drittel zunehmen (Keller & Schweizer, 2011) und in der Regel wird auch die äußerste Knochenschicht der Finger deutlich dicker (Hochholzer & Schöffl, 2009).

Die Chance, eine Route in einem höheren Schwierigkeitsgrad klettern zu können, steigt, je breiter das Fundament der Leistungspyramide ist, d.h., je mehr Routen im niedrigeren Grad geklettert wurden und sich durch Anpassungsvorgänge auch die Oberkörpermuskulatur an athletische Ziehvorgänge gewöhnt hat.

Tipp: Eine funktionelle Störung sollten Sie nicht operieren lassen, sondern durch Ausgleichstraining beseitigen.

Ist es bereits zu einer Ringbandverletzung gekommen, geht die Welt nicht unter, denn es sollte möglichst trotzdem leicht weitergeklettert werden. Das Klettern an großen, runden Griffen beschleunigt die Heilung. Dies ist wichtig, da ein zwei Monate unbelastetes Band etwa drei Viertel seiner Reißfestigkeit verliert und es ca. ein Jahr dauert, bis diese wiedererlangt ist (Keller & Schweizer, 2011).

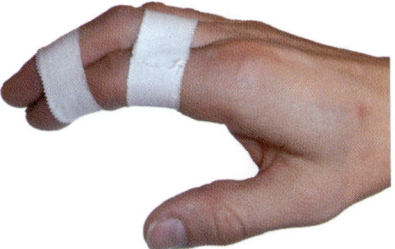

Abb. 108a: Übereinander tapen (o.) (kk)

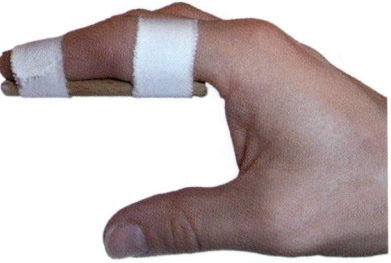

Abb. 108b: Schiene (o.) (kk)
Abb. 108c: H-Tape (u.) (kk)

Zur Schonhaltung eines verletzten Mittelfingers wird dieser über den Ring- oder Zeigefinger getaped. Bei Verletzung des Zeige- oder Ringfingers kann dieser mit einer Schiene fixiert und beim Klettern ausgelassen werden. Das H-Tape ist das wirksamste Tape der konservativen Ringbandtherapie (Hochholzer & Schöffl, 2009). Ein ca. 7 cm langes und maximal 2 cm breites Stück Tape wird zu einem H eingerissen. Zwei der entstehenden Zügel werden unterhalb des Gelenks straff fixiert, dann beugt man das Gelenk und fixiert die verbleibenden Zügel oberhalb

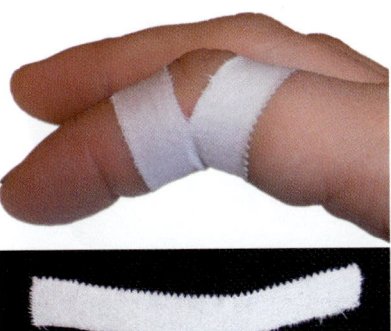

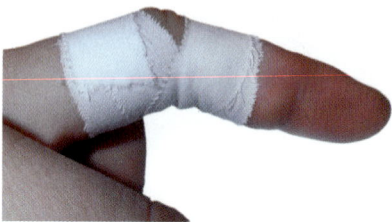

*Abb. 108d: Fingermittelgelenktape (o.)
(kk)*

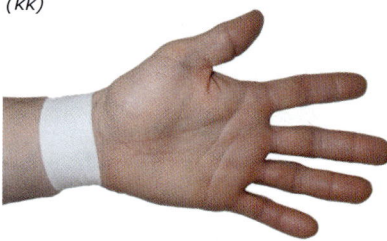

Abb. 108e: Handgelenktape (o.) (kk)
Abb. 108f: Ellbogentape (u.) (kk)

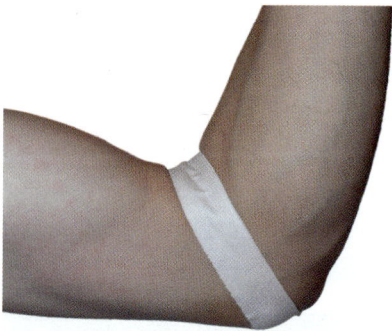

(Hochholzer & Schöffl, 2009). Wird auf das H-Tape verzichtet, sollte ein normales Tape direkt hinter bzw. vor dem Fingergelenk angebracht werden.

Geht es nur um das Fingermittelgelenk, wird nach einer Umrundung des Grundglieds das Fingermittelgelenk bei 30°-Beugung unterkreuzt, das Mittelglied umwickelt und zum Grundgelenk zurückgeführt. Auch Handgelenks- und Ellbogenüberlastungen können getaped werden. Der Ellbogen wird eher locker getaped, sodass das Tape erst unter Anspannung seine volle Wirkung entfaltet. Echte Entzündungen sind ohne Klettern auszuheilen!

Sehnenscheidenentzündungen können, im Gegensatz zu Sehnenzerrungen, oft nur durch Cortisonspritzen ausgeheilt werden (Hochholzer & Schöffl, 2009). Das „Rehaklettern" in leichten Routen dient ebenfalls der Ausheilung.

Tipp: Nach einer Verletzung sollten Sie nicht kopflos weitertrainieren, sondern mögliche Ursachen ermitteln und eliminieren! Die Erstversorgung erfolgt nach der PECH-Regel: Pause, Eis, Compression, Hochlagern (Hochholzer & Schöffl, 2009). Danach folgen Sportpause, Krankengymnastik und

Aufbautraining. Wer sich dann Zeit lässt, um hart an seiner Rehabilitation zu arbeiten, der wird mit sehr hoher Wahrscheinlichkeit einen Leistungssprung machen!

Tritttechniken

Tritttechnik ist das A und O, denn sie entscheidet über eine effiziente Fortbewegung beim Klettern. Beim Treten ist hohe Präzision und optimale Fußstellung, d.h. Sohle parallel zur Trittoberfläche mit leicht angehobener Ferse, sehr wichtig. Auf seitlichen, schräg nach unten

Häufig gibt es nur sehr kleine Tritte (s)

geneigten Flächen wird mit überstrecktem Fuß angetreten. Genauso wichtig ist, den richtigen Druck aktiv auf den Tritt zu bringen und so lange wie nötig aufrecht und somit die Füße unter Kontrolle zu halten. Dadurch haben die Hände etwas mehr Zeit, um weiterzugreifen. Durch Herumschrubben, Schaben und Scharren wird viel Fingerkraft und Zeit verschwendet, welche weiter oben noch von Nutzen ist.

Um die beste Reibung zu erzielen, ist am Fels vorsichtiges und prüfendes Antreten zu empfehlen. Sitzt der Schuh nicht gleich richtig, muss durch Nachtreten eine Korrektur vorgenommen werden. Dies kostet allerdings Kraft und ist zu vermeiden.

Wirklich sauber anzutreten ist der Schlüssel zum Klettererfolg, denn die Hubarbeit sollte aus den Beinen kommen! Die Füße sollten ohne Hektik exakt gesetzt werden. Deshalb sind die Trittmöglichkeiten gut im Auge zu behalten. Am besten plant man die Tritte für beide Füße im Voraus! Tritte, die man von weiter oben nicht mehr sehen kann, sollten gemerkt und erfühlt werden (z.B. Löcher).

Ein guter Kletterer zeichnet sich durch geräuscharmes Treten ohne Zittern aus. Es sollte nicht an der Wand angeschlagen und dann zum Tritt herabgerutscht werden. Ist der Fuß einmal gesetzt, soll er auch sitzen. Es sollte gerade so viel Druck aufgebaut werden, dass der Fuß nicht abrutscht!

In Überhängen und in Schlüsselstellen ist es wichtig, anhaltend Körperspannung dadurch aufzubauen, dass der Oberkörper entgegen den Instinkten etwas nach hinten ins Hohlkreuz gelehnt wird. Dadurch kommt die Hüfte näher an den Fels und es erhöht sich der Druck auf die Tritte, sodass gleichzeitig an den Tritten mehr gezogen werden kann, um näher an den nächsten Griff zu kommen (☞ Beine scheren, S. 186).

Volle Körperspannung beim Hooken (s)

Die Fußtechnik hängt von der Gesteinsart, der Art der Kletterei und der Qualität der Tritte ab. Abhängig von diesen Faktoren wird man die Art des Kletterschuhs wählen (☞ Kletterschuhe, S. 18). Setzen Sie Ihre Füße wie Ihre dritte und vierte Hand ein. Dann werden Sie sicher zu einem Klettergott!

Für sauberes Treten ist die Koordination zwischen Auge und Fuß extrem wichtig. Die Augen sollten daher dem Fuß so lange folgen, bis dieser wirklich sitzt und belastet ist! Die Füße bekommen bei guten Kletterern in einem Verhältnis von drei zu eins weit mehr Aufmerksamkeit als die Hände. Letztlich soll der Körper mit den Füßen verschoben werden, nicht mit den Armen.

Tipp: Sind Sie einmal blockiert und können beide Füße nicht mehr versetzen, versuchen Sie die Situation mit anderen Klettertechniken wie z.B. Stützen und Fußwechsel aufzulösen.

Übung: Der Ort eines Tritts ist wichtiger als seine Größe! Hauptsache, er drückt den Körper in Richtung des Zielgriffes. Suchen Sie also stets am richtigen Ort nach kleinen Unebenheiten! Im Notfall wird einfach gegen die Wand getreten.

Lage des Körperschwerpunktes

Beim Treten wird versucht, entweder unter den KSP zu treten oder den KSP auf den Tritt zu verlagern, wenn möglich am langen Arm. Dieses Klettern im Lot geschieht durch Hüftverschiebung oder Eindrehen. In geneigten Reibungsplatten sollte der KSP senkrecht über der Trittfläche liegen. Die Hüfte ist dann etwas weiter weg von der Wand.

Bei senkrechter Wandkletterei und in Überhängen sollte der KSP bzw. die Hüfte möglichst nah an die Wand geschoben werden. Besonders im Überhang darf das Gesäß nicht wie ein nasser Sack nach unten hängen, denn dann fehlt die Spannung im Körper und die Arme werden zu stark belastet.

Das Klettern am Überhang erfordert eine hohe Hüftposition (kk)

Tipp: Oft genügt eine ganz minimale Verschiebung des KSP und ein für völlig unmöglich gehaltener Kletterzug wird plötzlich möglich!

Die Verschiebung des KSP setzt eine sehr gute Beweglichkeit, besonders in Hüfte und Beinen, voraus. Solange in Wandkletterein der KSP über der Trittfläche gehalten wird, ist das Klettern nicht so ermüdend und es kann besser weitergegriffen werden. Befindet sich der KSP bzw. die Hüfte zu weit weg von der Trittfläche, kann unter Umständen nicht weitergegriffen werden, weil der Haltegriff nicht mit nur einer Hand gehalten werden kann.

Tipp: Soll von einer frontalen Kletterstellung unmittelbar in eine eingedrehte Position gewechselt werden, ist nicht unbedingt ein Trittwechsel notwendig. Der Kletterschuh kann auch auf dem Tritt gedreht werden, ohne den Fuß anzuheben.

Übung: Zur Schulung des Trittradius verharrt man in einer Kletterposition und versucht nun, alle erreichbaren Tritte mit dem Fuß zu erreichen. Verschieben Sie dazu den KSP.

Interessant ist auch das Barfußklettern (in der Halle gilt: Füße vorher waschen!), wodurch mehr Kraft in den Zehen benötigt wird.

Frontales Antreten

Einsteiger klettern zunächst frontal. Frontal antreten bietet sich nur für Löcher (Verklemmen der Fußspitze) und große Tritte an. Die Ferse sollte ein wenig angehoben werden, um genug Druck aufzubauen.

Der KSP sollte zwischen Wand und Fußgelenken liegen, nur so werden die Arme entlastet. Am besten werden deshalb große Tritte nur an der äußersten Kante belastet. Die Waden halten dann einen Großteil des Gewichts. Es soll präzise und zügig getreten werden. Die Ferse sollte leicht angehoben, aber nicht gewippt werden.

Seitliches Antreten

Seitlich antreten geht fast nur mit Eindrehen des Körpers. Beim Eindrehen (☞ Seitliches Klettern und Eindrehen, S. 145) wird mit dem Außenrist angetreten und der Fuß etwas in Richtung der Wand geneigt („aufgekantet"). So kann der Tritt regelrecht mit dem Fuß „gegriffen" werden. Die Ferse wird, wenn möglich, ein wenig angehoben. Diese Methode ermöglicht auch auf kleinsten Minitritten und kleinen Leisten guten Halt.

Beim frontalen Klettern, beim seitlichen Wegklappen des Knies oder bei der Froschtechnik wird mit dem Innenrist angetreten (☞ Allgemeine Klettertechniken, S. 136). Diese Technik eignet sich gut für kleine Leisten und Kanten. Auch hier wird die Ferse ein wenig angehoben und der Fuß aufgekantet, um Druck auf den Tritt zu bekommen.

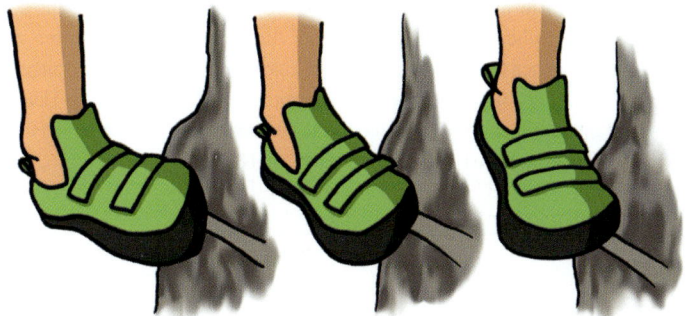

Abb. 109: Aufkanten beim seitlichen Antreten

Hohes Antreten

Hohes Antreten erfordert ein Höchstmaß an Beweglichkeit und Gelenkigkeit. So kann z.B. ein Fuß zur Hand gestellt bzw. abgehockt werden, sodass der Oberkörper stabilisiert wird. Die Hand kann sich dann lösen und weitergreifen. In seltenen Fällen kann es sinnvoll sein, bis auf Schulterhöhe anzutreten. Gerade in Überhängen müssen die Füße meist höher gesetzt werden, um ordentlich Druck auf die Tritte zu bekommen. Nur so kann der Körper über die Füße hochgestemmt werden, ohne sich übermäßig an den Griffen hochzuziehen. In Wandklettereien macht hohes Antreten nur Sinn, wenn es wirklich keine andere Trittmöglichkeit gibt, denn zu hohes Antreten kostet in diesem Fall viel Kraft.

Abb. 110: Türrahmentraining

Übung: Üben Sie mit einem Abstand von 20 cm hohes Antreten auf die Küchenarbeitsfläche. Um die Beinkraft zum Aufstehen auf hohen Tritten zu verbessern, machen Sie Kniebeugen mit nur einem Bein und auf Zehenspitzen! Um die Kraftübertragung auf die Tritte zu verbessern, eignet sich zu Hause das Türrahmentraining mit verschiedenen Positionen der Hände und Füße (Keller & Schweizer, 2011) (☞ Abb. 110, S. 185).

Beine scheren

Abb. 111:
Beine
scheren

Die Beine zu scheren macht dann Sinn, wenn eine „Offene Tür" mit wenig Kraftaufwand überbrückt werden soll (☞ Stabilisieren der Offenen Tür, S. 148). Je größer der Bereich zwischen den Füßen, desto stabiler wird die Position. Beim Hinterkreuzen wird der gekreuzte Fuß hinter dem Standbein auf einem Tritt platziert, gegen die Wand gestellt oder hängen gelassen. Das Standbein wird mit dem Knie seitlich etwas angewinkelt, der KSP soll möglichst nah an der Wand sein. Beim Vorderkreuzen wird das Standbein mit dem Innenrist durchgestreckt angestellt und der andere Fuß zwischen Wand und Körper durch leichtes Eindrehen vorbeigeführt.

Fußwechsel

Die Offene Tür kann auch mit einem Fußwechsel (Trittwechsel) stabilisiert werden. Die erste Möglichkeit ist ein statischer Fußwechsel mit Nutzung von Zwischentritten. Ist dies nicht möglich, so kann der Fußwechsel dynamisch mit Hüpfen (Umspringen) ausgeführt werden. Es kann auch der freie Fuß über den Standfuß gestellt und der untere Fuß unter leichter Entlastung herausgezogen werden. Möglich ist auch ein Wechsel Schritt für Schritt, wobei der belastete Fuß nach und nach vom Tritt gezogen wird, während der andere Fuß gleichzeitig versucht, Tritt zu fassen.

Abb. 112: Dynamischer Trittwechsel

Hooken

Eine Offene Tür kann ebenso durch Verklemmen des Fußes oder Hooken stabilisiert werden. Beim Hooken wird ein Fuß, meist sehr hoch, auf Druck oder Zug eingesetzt. Dabei kann die Ferse (Heelhook) oder die Zehen bzw. der Rist (Toehook) eingehakt werden und etwa die Hälfte des Körpergewichts tragen. Beim Hooken ist der Winkel entscheidend, es lohnt sich daher, den Hook ausgiebig zu testen.

Beim kraftintensiven Dachklettern kann auch versucht werden, mit einem Fuß an einem Tritt zu ziehen und mit dem anderen zu drücken (Bicycle). Durch diese Techniken wird eine Gleichgewichtsstabilisierung erreicht und die notwendige Haltekraft in den Armen (gestreckt lassen!) verringert. Eventuell kann sogar ein Arm ausgeschüttelt werden.

Mit einem gut gesetzten Foothook kann der sonst nur schwer abzufangende Pendelschwung in Überhängen vermieden werden. Oft kann ein Hook auch das Überwinden von Dachkanten erheblich erleichtern. Am besten holt man mit der Hüfte Schwung, führt eine leichte Drehbewegung um die Längsachse aus und versucht dann, so schnell wie möglich auf dem Hook oder einem weiteren Tritt abzuhocken, d.h., das Gewicht in der Hocke, ähnlich wie bei der Froschtechnik (☞ Knie anlegen und Froschtechnik, S. 147), auf diesen Tritt zu verlagern, um eine Entlastung der Arme zu ermöglichen. Erst dann steht man auf.

Hängt der nicht zum Hooken eingesetzte Fuß frei, so kann er zum Abdrücken von der Wand oder zum Stabilisieren verwendet werden.

Abb. 113: Hooken mit Gegentreten

Tipp: An glatten Kanten oder exotischen Griffformen (z.B. Sinter) kann auch mit der Kniekehle gehookt werden.

Ziehen mit dem Fuß und Aufrollen

Der Körper kann auch ohne zu hooken zur Wand hingezogen werden. Dafür wird die Schuhspitze hinter den Tritt „gegraben" und mittels starker Körperspannung der KSP und die Hüfte zur Wand hin verlagert. Durch das Ziehen ergibt sich eine geringere Belastung der Finger. Ziehen mit dem Fuß kann auch in Offene-Tür-Situationen genutzt werden, um nicht von der Wand zu pendeln.

Aufrollen ist eine Technik für extrem kleine Tritte, um mehr Sohle und somit höhere Reibung auf den Tritt zu bringen. Dazu tritt man nicht sofort mit der Schuhspitze, sondern mit der Sohlenfläche unter dem großen Zeh an und kippt bzw. rollt dann die Fußspitze nach vorne (Ferse hoch!). Durch diese Strukturanpassung entsteht zwischen Tritt und Gummi ein Formschluss, wodurch der Kletterschuh auf dem problematischen Tritt (z.B. abschüssige, kleine Leiste) besser hält.

Tipp: Nach dem Aufrollen sollte sofort mit der Hubarbeit begonnen werden, sodass mit dem Antreten des zweiten Fußes als Ausholen ein Flow (☞ Dynamisches Klettern, S. 140) entwickelt werden kann (One-Touch-Klettern).

Abb. 114: Ziehen mit dem Fuß und Aufrollen

Reibungstritte

Beim Reibungsklettern gilt es, den KSP über den Tritten zu halten. Meist findet man kleine Dellen, in welchen man mit einem weichen Schuh optimal Reibung aufbauen kann (☞ Reibungstechnik, S. 152). In völlig strukturlosen Passagen wird mit möglichst viel Sohlenfläche parallel zur Felsoberfläche angetreten. Nach Belastung sollte der Fuß auf dem Reibungstritt nicht mehr bewegt werden, sonst droht die Sohle die Haftreibung zu verlieren.

Es kann durchaus auch sinnvoll sein, in steilen Routen oder in Überhängen auf Reibung anzutreten. Hierfür muss man den KSP etwas von der Wand hängen lassen, um genug Druck auf den Tritt zu bringen (Fersen absenken bzw. hängen lassen!). Dies erfordert viel Kraft und funktioniert nur, wenn die Griffe nicht allzu klein sind.

Tipp: Insbesondere auf Sandstein sollte darauf geachtet werden, dass die Sohlen vor dem Klettern gesäubert und bei starker Verschmutzung evtl. sogar eingechalkt werden. Reibungstritte gibt es in Kletterhallen quasi nicht. Daher haben viele Hallenkletterer eine schlechte Tritttechnik und pflegen einen kraftbetonten Kletterstil. Klettern Sie daher möglichst oft am Naturfels!

Klemmtechnik

Ein in senkrechten Schlitzen verklemmter Fuß kann schmerzhaft sein, ist beim Rissklettern aber zwingend. Die Fußspitze wird hochkant in den Riss gesteckt und in Richtung Waagrechte verdreht. Auch beim Hooken kann der Fuß oft in einer Spalte verhakt werden.

Mit großer Beweglichkeit erreicht man weit entfernte Tritte (s)

Übung: Dynamisches bzw. beilastetes Antreten liegt dann vor, wenn der Fuß in einer instabilen Kletterposition nicht ruhig auf den nächsten Tritt bewegt werden kann, sondern mit Schwung auf den Tritt geworfen werden muss. Diese Technik steht im Gegensatz zu einem statischen, ruhigen Kletterstil. Es wird mit dem Körper Schwung geholt und der Fuß präzise platziert. Das Setzen des Fußes erfolgt im Umkehrpunkt der Schwungbewegung. Üben Sie belastetes und unbelastetes Antreten beim Bouldern mithilfe von Offene-Tür-Situationen (☞ Stabilisieren der Offenen Tür, S. 148). Verschieben Sie den KSP, um unbelastet anzutreten.

**Schlusswort,
Literaturverzeichnis**

Schlusswort

Zum Schluss noch ein nicht ganz ernstgemeinter Ratschlag: Sollte sich Ihr Kletterpartner einmal danebenbenehmen, gilt alles in diesem Buch Gesagte nicht mehr. Und damit es international verständlich ist:

PENALTY SLACK

can be given to a climber to penalise him for such things as:

not having done the dishes the day before,

use of the knees, elbows, hips or head,

refusing to buy a round,

making girly noises,

dropping gear,

belly flopping

or farting.

All penalties are given at the discretion of the belayer.

Manchmal sind es die kleinen Ziele … (kk)

Literaturverzeichnis

Fimml, W. & Larcher, M. (2000): Energie ist Kraft mal Weg, in: Bergundsteigen 4/2000, AVS, DAV, ÖAV und SAC, Innsbruck.

Hepp, T. (2004): Wolfgang Güllich, Leben in der Senkrechten. Eine Biographie, Boulder Verlag, Stuttgart/Nürnberg.

Hochholzer, T. & Schöffl, V. (2009): So weit die Hände greifen ..., Lochner Verlag, München.

Keller, P. & Schweizer, A. (2011): Vertical Secrets, Technik, Training, Medizin, turntillburn GmbH, Zürich.

Krug, Gerald (2011): Die 4. Dimension: Kletter- und Boulderlehrbuch, GeoQuest-Verlag, Halle.

Krug, Gerald (2011): Hexen und Exen - Kletterlehrbuch, GeoQuest-Verlag, Halle.

Krug, Gerald (2010): Kinderkopf und Affenfaust - Kletterlehrbuch, GeoQuest-Verlag, Halle.

McLeod, D. (2012): 9 von 10 Kletterern machen die gleichen Fehler, Riva Verlag, München.

Mehlem, H.-P. (2008): Persönliche Schutzausrüstungen, Arten, Eigenschaften, Bezugsquellen, TÜV Media GmbH, Köln.

Meinel, K. & Schnabel, G. (2007): Bewegungslehre Sportmotorik, Meyer & Meyer Sport, Aachen.

Müller, W. (1995): Sommerbergsteigen, Sportklettern, Verlag des SAC, Biel.

Römer, A. & Durner, G. (2002): Erste Hilfe Bergrettung, AM-Berg-Verlag, Garmisch-Partenkirchen.

Schubert, P. (1998): Die Anwendung des Seiles in Fels und Eis, Bergverlag Rother, München.

Schubert, P. (2001): Sicherheit und Risiko in Fels und Eis Band I, Bergverlag Rother, München.

Schubert, P. (2002): Sicherheit und Risiko in Fels und Eis Band II, Bergverlag Rother, München.

Schubert, P. (2003): Standards, in: Bergundsteigen 01/2003, AVS, DAV, ÖAV und SAC (Hrsg.), Innsbruck.

Schubert, P. & Stückl, P. (2003): DAV-Alpinlehrplan Band 5: Sicherheit am Berg, BLV-Verlag, München.

Schubert, P. (2005): Klemmmaschinen, in: Bergundsteigen 02/2005, AVS, DAV, ÖAV und SAC (Hrsg.), Innsbruck.

Schubert, P. (2005): Verklemmt, in: Bergundsteigen 01/2005, AVS, DAV, ÖAV und SAC, Innsbruck.

Schubert, P. (2006): Kletterg'schirr, in: Bergundsteigen 01/2006, AVS, DAV, ÖAV und SAC (Hrsg.), Innsbruck.

Schubert, P. (2006): Kopfschutz, in: Bergundsteigen 02/2006, AVS, DAV, ÖAV und SAC, Innsbruck.

Schubert, P. (2006): Sicherheit und Risiko in Fels und Eis Band III, Bergverlag Rother, München.

Schubert, P. (2008): Starke Fasern, in: Bergundsteigen 02/2008, AVS, DAV, ÖAV und SAC (Hrsg.), Innsbruck.

Semmel, C. (2007): Drum prüfe, wer sich bindet … (Teil 1), in: DAV Panorama 03/2007, DAV (Hrsg.), München.

Semmel, C. (2007): Drum prüfe, wer sich bindet … (Teil 2), in: DAV Panorama 04/2007, DAV (Hrsg.), München.

Semmel, C. (2005): DAV-Ausbilderhandbuch Praxis und Theorie: Methodische Hilfestellung und aktuelle Standards beim Bergsport, DAV (Hrsg.), München.

Semmel, C., Hellberg, F. & Ernst, B. (2009): Schlingen und Stand, in: Bergundsteigen 01/2009, AVS, DAV, ÖAV und SAC, Innsbruck.

Weinbruch, S. (2008): Feinstaub in Kletterhallen, in: Bergundsteigen 03/2008, AVS, DAV, ÖAV und SAC, Innsbruck.

Zak, H. (2010): Gesichertes Soloklettern, in: Bergundsteigen 01/2010, AVS, DAV, ÖAV und SAC, Innsbruck.

Buchtipps aus dem Conrad Stein Verlag

Knoten

Manuela Dastig & Dieter Großelohmann
OutdoorHandbuch Band 3
Basiswissen für draußen
96 Seiten ▶ 14 farbige Abbildungen
43 Knoten beschrieben durch
über 180 farbige Zeichnungen

ISBN 978-3-86686-377-4

>> **Sprint:** *„... hier sind alle Informationen über Taue, Seile und Nylons zu finden. "*

Höhlen

Thomas-Michael Schneider
OutdoorHandbuch Band 170
Basiswissen für draußen
124 Seiten ▶ 41 Abbildungen
3 Zeichnungen

ISBN 978-3-89392-570-8

>> *Alles über die Erkundung von Höhlen und die dafür notwendige Ausrüstung, Planung und Technik, abgerundet durch Sicherheitshinweise.*

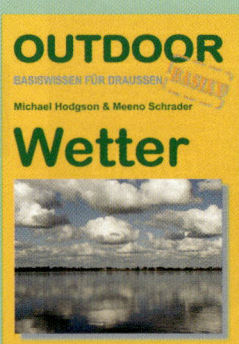

Wetter

Michael Hodgson & Meno Schrader
OutdoorHandbuch Band 13
Basiswissen für draußen
91 Seiten ▶ 32 farbige Abbildungen
21 farbige Illustrationen

ISBN 978-3-86686-013-1

>> **Nordis:** *„... jeder kann lernen, wie man mit und ohne Instrumente zu einem echten Wetterfrosch wird. Ein handliches Büchlein für unterwegs."*

Der ideale Reisebegleiter

Unbeschwert fotografieren und dennoch perfekt ausgerüstet für alle Motive von nah bis fern. Leichtes und kompaktes Superzoom, das dank Bildstabilisator sogar ein Stativ erspart.

18-250mm F3,5-6,3 DC OS HSM für € 749,- (UVP)

Über den Dingen (s)

Index